山西工程技术学院优秀学术著作出版支持计划项目
绿色发展研究基金

应用型本科院校全成本运行管理研究

高 影 著

吉林大学出版社

·长春·

图书在版编目（CIP）数据

应用型本科院校全成本运行管理研究/高影著.—长春：吉林大学出版社，2020.8
　ISBN 978-7-5692-6804-1

　Ⅰ.①应… Ⅱ.①高… Ⅲ.①高等学校—成本管理—研究—中国 Ⅳ.①G647.5

中国版本图书馆 CIP 数据核字（2020）第 141530 号

书　　名	应用型本科院校全成本运行管理研究 YINGYONGXING BENKE YUANXIAO QUANCHENGBEN YUNXING GUANLI YANJIU
作　　者	高影　著
策划编辑	代红梅
责任编辑	代红梅
责任校对	柳燕
装帧设计	汇智传媒
出版发行	吉林大学出版社
社　　址	长春市人民大街 4059 号
邮政编码	130021
发行电话	0431-89580028/29/21
网　　址	http://www.jlup.com.cn
电子邮箱	jdcbs@jlu.edu.cn
印　　刷	长春市昌信电脑图文制作有限公司
开　　本	787mm×1092mm　1/16
印　　张	9.5
字　　数	220 千字
版　　次	2020 年 8 月　第 1 版
印　　次	2020 年 8 月　第 1 次
书　　号	ISBN 978-7-5692-6804-1
定　　价	49.00 元

版权所有　翻印必究

前 言

2017年，国家主席习近平提出绿色发展的新理念，我国各部门开启了绿色转型发展的"攻坚战"。国家层面也重视将绿色发展融入高等院校工作中的各个环节，节约、智能、高效将成为未来我国高等院校运行的常态。

应用型高校的诞生源于我国高校专业同质化现象严重，毕业生就业与市场需求不匹配的客观事实，是国家层面从就业、经济结构调整大局出发而做出的上层决策调整。2016年，推动普通高校向应用型转变被纳入国家教育事业发展"十三五"规划。

应用型高校不同于传统的研究型大学和高职高专院校，在其发展定位上有自己的使命。这类高校目前收入主要来源于政府投入，在收入来源、筹资渠道等方面受到限制，存在教育投资的内生力不足等问题。对此，研究其在培养高素质人才，服务社会又节约降耗的绿色发展模型方面变得有意义。

本书结合应用型高校目前发展现状，应用了"全成本"的内容，首次提出"培养学生性成本"的概念，又创新性地提出以专业为成本核算对象的成本核算模型，有助于完善应用型高校的成本补偿机制。以业务目标和成本目标为内容构建目标成本体系，在此基础上形成绩效预算、成本控制、分析、考评、纠正改进的闭合循环系统。其中，绩效考评体系不仅结合业务目标和成本目标，还结合财务和非财务指标设置考核内容和权重。目前，高校绩效研究是社会和学术界研究的热门议题，希望本书提出的绩效考评体系能对该研究有所帮助。

| 目 录 |

第一篇 前　述

第一章　概述 ··· 2
- 第一节　背景 ·· 2
- 第二节　成本及高校教育成本的含义 ·············· 3
- 第三节　全成本的含义 ···································· 6
- 第四节　应用型本科院校全成本管理的意义 ·········· 7
- 第五节　全成本管理的内容和方法 ·············· 9
- 第六节　全成本研究的方案 ···································· 10

第二章　应用型本科院校背景 ·············· 12
- 第一节　应用型大学的发展历程 ·············· 12
- 第二节　应用型本科院校面临的困难与挑战 ·········· 15
- 第三节　应用型本科院校成本费用构成特点 ·········· 16
- 第四节　应用型本科院校成本费用方面存在的问题 ·········· 17
- 第五节　应用型本科高校全成本管理目标 ·········· 19

第二篇　全成本核算体系

第三章　确定核算对象、范围、原则 ·············· 22
- 第一节　全成本核算的内容 ···································· 22
- 第二节　全成本核算范围 ···································· 23
- 第三节　全成本核算的要求 ···································· 27
- 第四节　全成本核算的原则 ···································· 28

第四章　核算方法的确定 ···································· 30
- 第一节　会计核算方法的种类及繁衍变化 ·········· 30

1

第二节　适合应用型本科院校的成本核算方法 …………………… 33
　　第三节　费用要素的划分、归集与核算 ……………………………… 33

第五章　专业全成本核算案例分析 ……………………………………… 42
　　第一节　W高校背景介绍 ……………………………………………… 42
　　第二节　W高校专业全成本核算 ……………………………………… 43

第三篇　全成本的计划管理

第六章　绩效预算管理 …………………………………………………… 52
　　第一节　预算向绩效预算管理的转变 ………………………………… 52
　　第二节　我国绩效预算的发展历程 …………………………………… 53
　　第三节　绩效预算管理的必要 ………………………………………… 53
　　第四节　绩效预算管理与全成本控制 ………………………………… 54
　　第五节　高校绩效预算管理的基本思路 ……………………………… 55
　　第六节　高校实行绩效预算管理应克服的问题 ……………………… 57

第七章　目标管理 ………………………………………………………… 60
　　第一节　业务目标的编制 ……………………………………………… 60
　　第二节　目标成本的编制 ……………………………………………… 60
　　第三节　目标管理组织结构划分及职责 ……………………………… 62
　　第四节　目标成本的管理 ……………………………………………… 62

第八章　预算编制管理 …………………………………………………… 65
　　第一节　预算管理组织机构的构建 …………………………………… 65
　　第二节　预算编制 ……………………………………………………… 66
　　第三节　校内预算的编制 ……………………………………………… 67
　　第四节　部门收入预算编制管理 ……………………………………… 70
　　第五节　部门支出预算编制管理 ……………………………………… 74

第四篇　全成本组织结构

第九章　全成本管控组织结构的建立 …………………………………… 78
　　第一节　高校组织架构类型和构成特点 ……………………………… 78
　　第二节　成本费用控制管理的原则 …………………………………… 78
　　第三节　成本费用管理组织机构的设立 ……………………………… 79

| 第四节 | 全成本管控的职责划分 | 80 |
| 第五节 | 组织管理的流程梳理 | 86 |

第五篇　全成本管理与控制

第十章　隐性成本控制 90
第一节	高校治理模式的缘起	90
第二节	我国高校治理现状	91
第三节	高校治理模式的改善建议	92
第四节	高校治理与隐性成本控制	93

第十一章　关键成本要素的管理与控制 98
第一节	人工成本费用的管理与控制	98
第二节	采购成本的管理与控制	100
第三节	水电费的管理与控制	102
第四节	低值易耗品的管理与控制	103
第五节	固定资产的管理	107

第十二章　期间费用的管理与控制 111
| 第一节 | 期间费用的管理与控制 | 111 |
| 第二节 | 其他费用的管理与控制 | 115 |

第六篇　全成本的监督管理

第十三章　全成本控制的监督和分析 120
第一节	成本监督	120
第二节	绩效指标完成情况分析	121
第三节	对标管理	122

第七篇　全成本绩效考评

第十四章　高校绩效考评体系的构建 126
第一节	考评的意义及坚持的原则	126
第二节	考评体系构成	127
第三节	考评模式	128

参考文献 133

附录·· 137
　　附件1：W高校预算编制实施细则（试行）······························· 137
　　附件2：《××省级行政单位资产配置标准（试行）》···················· 140

第一篇
前　述

第一章 概　　述

2015年10月，教育部国家发展改革委 财政部发布《关于引导部分地方普通本科高校向应用型转变的指导意见》（简称《意见》）。高等教育在结构性、同质化、毕业生就业、就业质量等方面存在严重问题。《意见》的出台正是为了适应经济发展，从顶层设计角度创新性地推动部分高校向应用型本科转型发展。同时《意见》也从国家层面对应用型本科院校在转型发展的思路、任务、配套政策和机制等方面给予了明确的指引。

不同于传统研究型大学以及高职高专院校，应用型本科院校在培养人才方面有其特殊的发展定位，以培养应用型管理人才为目标，突出理论联系实际、强化动手操作能力，体现"知识、能力和素质"三位一体的人才培养路线。

第一节　背　　景

近几年，高校高额的费用支出及教育成本控制越来越受到国家和社会的关注。据教育部公布的数据显示，从2010年至2018年间，我国对高等教育的投入由6460亿元增长到12013亿元，占GDP比例分别为1.36%和1.33%，国家对高等教育的投入比例偏低，政府虽然提高了对高等教育的投入，但对高等教育投入的主导作用不够充分。加上资源再分配、物价上涨、通货膨胀等因素，办学资金紧缺是应用型院校面临的严峻现实。应用型本科院校大多为数十年的老院校转型过来的院校，也有新建的本科院校、地方院校和行业性院校，在收入来源、筹资渠道等方面受到限制，存在教育投资的内生力不足的问题。因此，成本管理和控制成了这类院校的必由之路。

目前，高校（包括应用型本科院校）并未实行成本核算，理论界对高校教育成本的核算（以正式论文的形式）已有数十载，大都集中于教育成本的核算、教育成本的管理与控制、教育成本资金管理等方面，多为规范性探讨，缺乏实证性的探索，关于应用型高校成本的更是寥寥无几。

高校的成本费用的核算目前只有财政部 教育部最新颁布的《高等学校财务制度》及国家发展和改革委员制定的《教育成本监审办法》。而后者只是为了合理制定高等学校学费标准，提高教育收费决策的科学性而制定的政策。《高等学校财务制度》第十章"成本费用管理"中，明确要求高校按用途归集（如教育费用、科研费用、管理费用、离退休费用和其他费用等）进行成本核算，从财务管理的角度对成本费用提出了管理要求，关于教育全成本的概念及核算尚没有具体的政策出台。

第二节　成本及高校教育成本的含义

一、成本的概念

马克思科学地指出了成本的经济性质："按照资本主义方式生产的每一个商品 W 的价值，用公式来表示是 $W=C+V+M$。"其中，C 表示生产中消耗掉的生产资料的价值；V 表示劳动者所创造的价值；M 表示劳动者为社会劳动所创造的价值。从资源耗费的角度，产品成本的经济实质是 $C+V$，用 $C+V$ 的价格（成本价格）反映 $C+V$ 价值。因此，成本指在生产商品过程中的物化劳动（生产资料）及活劳动（劳动者）的资源耗费，其中商品指广义上的生产产品和提供劳务等。

成本定义不断发展更新，成本概念的外延已经超出了马克思所定义的成本。美国会计学会对成本的定义为，成本是为了实现某一目的，用货币计量的已经付出的或可能付出的价值牺牲。从这一定义中可以得出，有着相同目的的价值牺牲的货币表现都构成了同一产品的成本，如采购成本、制造成本、销售成本等，成本概念的外延十分广泛。同时，为了经营管理和核算的要求，把一部分与价值无关的费用也列入产品成本中。

二、高校教育成本的概念

成本应用到教育领域至今已有 60 余年。国外的学者对高校的教育成本在实践中不断深化、丰富。相比较而言，我国学者对高校教育成本的研究起步较晚，而且大多停留在对教育成本的概念界定这一狭义范围上，但对教育成本的核算、控制及考核评价等从广义角度上进行研究阐述的却很少,相关的文献也不多。我国法律层面对教育成本费用的核算给予了规定,但在相关的配套机制上却没有提及。教育成本的研究有待深耕细作。

(一) 高校教育成本的国外研究现状

"教育成本"一词最早出现于1958年由教育学家约翰·维泽所编著的《教育成本》一书中,但当时并没有对"教育成本"进行明确的定义。1962年,约翰·维泽出版了《教育经济学》中,指出教育成本由直接成本和间接成本两部分构成。舒尔茨于1963年在《教育的经济价值》一书中提出"教育全要素"的概念,指出教育成本包括教育服务成本和机会成本。其中,教育服务成本是由学校以培养学生为目的而实际耗费的资源,与教育服务无关的附属活动以及"转移支付"(奖学金、补助等)的支出不算在内。而机会成本则指的是学生由于上学,放弃工作而带来的收入损失。学者科恩在其著作《教育经济学》中明确提出支出教育成本由直接成本和间接成本构成。其中,直接成本指学校为培养学生所支付的支出和学生为学习所耗费的成本;间接成本是指学校为支付学生的支出而造成的潜在的其他收入的损失,如为建立教学楼而可能损失的租金和利息等,以及学生学习期间而损失的其他可能收入。1997年美国国会通过法案,成立全国高等教育成本委员会(National Commission on the Cost of Higher Education,简称NCCHE),指令该委员会在本年内提交关于高等教育教育成本增长和学生学费增长的原因,及研究成本、学费和对学生资助的内在关系的研究报告。NCCHE于1998年1月向克林顿总统和国会两院议长提交《直言高校成本与价格》(*Straight Talk About College Costsand Prices*)的研究报告,明确了高等教育成本、学费和学生资助等的相关概念,确定了高校在财务理论方面的架构,对高校支付的成本和学费价格的持续上涨给予了原因分析,对成本、价格和学生资助的关系下了初步结论,给出了政策建议,提出了下一步需要研究的问题。之后,NCCHE又耗费了5年时间对20世纪80年代中期到21世纪初的高校成本、价格和学生资助进行了研究,提出了对1998年美国高等教育法修正案的重新确认产生了较大影响的三个研究报告,具体为《大学成本和价格研究》《高等教育教学支出研究》和《学生凭什么支付大学价格》。国家学院和大学工商人员协会(National Association of College and-UniversityBusiness Officers,简称NACUBO)根据NCCHE的研究,花费了四年的时间研究出了成本分析和报告模块（主要针对本科教学成本进行分析）。模块主要由五部分组成，即：高校的"一般信息"、教学和服务学生、设备和社会成本、财政资助学生的费用、设施和资本性支出，高校的培养学生成本自此形成。2001年，该项成本分析工具在150所高校得到应用，其有效性得到确认，2002年，得到美国教育理事会（American Council on Education，简称ACE）第84届年会的高度评价。该项研究为公众、大学和政府决策提供了数据支持，但缺点也很明显，没有进一步形成相应的财务与会计制度体系，为高校成本费用的普惠进行指导。

（二）教育成本在我国

高校是专业性培养人才的地方，其活动包括招生、教学、党团建设、学生管理、安全保卫、毕业设计、答辩，最后将学生输送到社会中。高校培养学生相比于企业生产产品而言，其成本亦然包含供应、生产、销售的全过程，因此，高校培养学生活动发生的各项支出的总成本构成了教育全成本。

1. 我国学术界对教育成本的研究贡献

20世纪80年代，我国的专家学者开启了对教育成本的研究。教育成本理论这一概念首次出现在潘序伦先生著作的《开展"人才会计"的研究》。文中将高校看成是培养人才的工厂，而将具体的科系、班级甚至具体学生的培训费用按照工厂的成本会计的方法进行核算。赵德营[①]于1999年发表文章，认为教育成本包括直接成本（主要包括学生费用和教学费用）和间接成本（主要包括管理费用、社会保障费用、固定资产折旧费用等）。袁连生[②]在2000年发表文章，表示教育成本包括教学成本和机会成本，前者为货币支出形式消耗的教育资源价值，后者为因资源用于教育所产生的价值损失。以后的学者在上述的界定范围之内，逐渐将教育成本的概念归纳，总结得出：教育成本是直接成本和间接成本之和，其中，直接成本是国家消耗的、以货币为表现形式的、为高等学校所支出的费用，包括学生费用和教学费用；间接成本则主要包括管理费用、社会保障费用、固定资产折旧费用和其他费用等一系列消耗支出。有的学者（乌海馨2009、万寿义、曲京山2010等）认为教育成本应将机会成本包括在内，即学生在学习期间所损失的可能收入以及学校损失的潜在收入，如为建立教学楼而可能损失的租金和利息

---

① 赵德营. 高等教育成本核算模式新探 [J]. 开封：河南大学学报. 1990.
② 袁连生. 教育成本计算 [M]. 北京：北京师范大学出版社，2000.

等。由于该损失无法估量，暂且不计入直接成本。

2. 法律法规对教育成本方面的界定

2005年，国家发展和改革委员会出台的《高等学校教育培养成本监审办法》（以下简称《办法》）对高等教育的一系列事宜进行了规定，比如教育成本的构成、教育成本的核算等，但《办法》没有对成本核算进行较为细致地指导规定，对核算方法、核算程序以及成本控制等也没有进行详细的说明。实践方面，由于高校并未实行成本核算及很少进行全成本控制，可供借鉴的实际案例很少。

2009年8月，财政部发布《高等学校会计制度（征求意见稿）》，从上层制度层面对实践操作进行了明确规范。2012年颁布的《高等学校财务制度》中要求高校进行成本核算，并对其定义为"是指按照相关核算对象和核算方法，对高等学校业务活动中发生的各种费用进行归集、分配和计算"；同时该制度还进一步说明了成本费用核算的细则，即"高等学校应当根据实际需要，逐步细化成本核算，开展学校、院系和专业的教育总成本和生均成本等核算工作。科研活动成本的核算应当细化到科研项目。高等学校成本核算实施细则由国务院财政部门会同教育主管部门制定。实行内部成本费用管理的高等学校，应当建立成本费用与相关支出的核对机制，以及成本费用分析报告制度。"

3. 显性成本与隐性成本

高校在培养学生过程中所消耗的经济资源的、可以用货币表现的（如工资费用、实验设备的采购费用、水电费用等）、能直接核算出来的费用构成了显性成本。

但是，有一些资源消耗不是高校实际发生，或不能通过货币来表现，或财务会计中没有反映出来，但决策者应予以重视的视为隐性成本。高校制度建设、管理水平等现状造成了一些如服务成本、库存持有成本、时间成本等隐性成本的巨大浪费。隐性成本是高校决策者必须重视的，且通过管理手段、不断提高管理水平降低资源消耗的一块巨大领域。

第三节 全成本的含义

应用型本科院校的全成本包括：一是培养学生性成本和期间费用；二是隐性成本；三是成本全过程管理。

培养学生性成本是指与在培养学生过程中发生的相关的各项费用。成本要素全面核算包括高校在培养学生实际过程中发生的费用支出，也包括高校相应的管理费用，因为此项费用的消耗是用于管理和组织学生受教育活动所发生的支出。成本要素的全面核算重在全要素，即将与培养学生的所有费用要素纳入成本范畴，即将管理成本、固定资产折旧、低值易耗品摊销等以前不纳入成本范围的要素均纳入成本核算内容。

期间费用是指校管理费用、财务费用、经营支出、各职能部门发生的不应属于培养学生成本的各种费用。

培养学生性成本和期间费用属于货币计量型成本或费用。

隐性成本是指管理不善造成的非货币化的人力成本、时间成本、管理成本等。

成本全过程管理是指成本控制的事前、事中、事后的全面管理。全过程的成本管理是指在成本核算的基础上，在预算、分析、控制、考评等各个阶段进行成本的管理与控制。

全成本的含义可用图1-1所示的结构图表示。

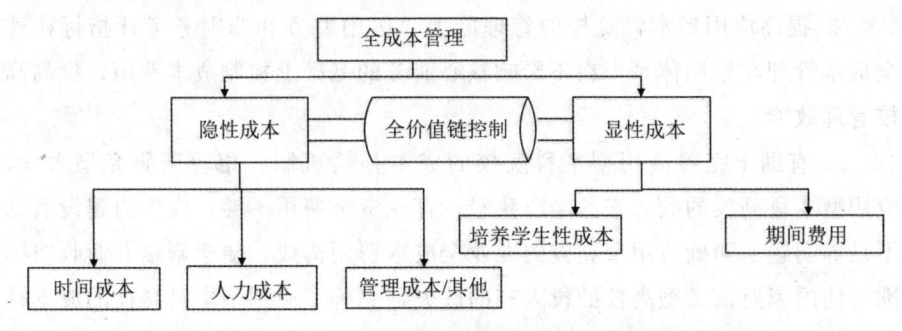

图1-1 应用型本科院校教育全成本结构图

第四节 应用型本科院校全成本管理的意义

长期以来，我国高校并未实行成本控制，然而成本管理势必成为高校管理的重要方面，加强高校的成本管理的意义表现在以下方面。

一、理论意义

1. 长期以来，由于计划经济等原因，高校并未实行成本核算及管理控制，相比较企业成熟地对成本进行分析、核算、管理、控制而言，高校是我国较少未实行成本控制的领域之一。运用全成本核算思想，构建了应用型本科院校全成本核算模型，以专业为核算对象对应用型本科院校的培养学生全成本进行核算，为我国应用型高校的全成本核算提供理论借鉴作用。

2. 运用全成本思想，构建应用型本科高校全成本管理体系。根据应用型本科高校的组织结构特点，构建了事前预防，事中控制、纠正及事后考核评价的管理体系，形成了考评、分析、反馈、纠正改进与控制相联系的闭合循环系统。

3. 指出了应用型本科院校隐性成本的控制方法，为提高应用型本科院校的管理提供借鉴意义。

二、现实意义

1. 有助于提高应用型高校的财务会计成本管理能力。长期以来，高校并未实行成本核算，本书明确了应用型本科高校的成本核算体系，对于财务会计成本费用的管理起到借鉴作用，提高了应用型本科院校成本费用的管控能力。

2. 提高应用型本科院校的管理能力。运用财务和非财务考评指标构建全成本管理与控制体系，在不影响核心业务的基础上控制成本费用，提高高校管理效能。

3. 有助于完善应用型本科院校的成本补偿机制。相较于研究型大学，应用型本科高校的收入来源渠道狭窄，存在资金费用不够，内生力建设后劲不足等问题。明确应用型高校的专业全成本费用构成，便于调整专业收费标准，使国家对该类型高校的投入有的放矢，完善了应用型本科高校的成本补偿机制。

4. 体现了应用型高校的绿色发展方式。2017年以来，我国提出了形成绿色发展方式和生活方式的新理念。加强高校培养人才的成本控制，不断降低培养人才过程中的各种损耗，以最少的损耗获得最大的效益是建设高校绿色发展方式的体现。

5. 体现了应用型高校的集约化管理。由于培养人才成本在高校的成本支出中所占比例较大，有效降低这部分成本且在其他条件不变的情况下，意味着高校扩大了资金的使用比例，集合更多的物力和财力配置到其他更有竞争优势的资源中，实现整体环境下的集约化管理。

第五节　全成本管理的内容和方法

一、研究的内容

1. 《办法》中明确规定"高校教育培养成本按学校性质分类核算，并逐步过渡到按专业分类进行核算。"笔者查阅了大量的文献资料发现，目前我国鲜有理论文献等资料显示高校按照专业进行成本核算和控制，但鉴于高校长期以来按照专业收取费用、以专业为单位进行经济活动的管理和控制，因此，以专业为成本核算对象，将培养学生过程中的全要素纳入核算范围，构建成本核算模型，有利于全成本的进一步管理和控制。本书试图以专业成本核算为切入口，探索建立按照专业为核算对象，以院（系）为管理控制对象，以点带面进行全校的全成本管理控制，形成"成本控制有目标、执行有监督、完成有评价、评价有反馈、反馈有效果"的管理体系。

2. 除了以货币计量的显性成本外，还针对应用型本科高校存在的非货币计量的隐性成本进行了研究。

3. 针对应用型本科院校的成本构成特点，提出关键性成本要素的管理与控制措施、期间费用及隐性成本的管理与控制措施。

二、研究的方法及成本核算方法

（一）研究的方法

运用价值链分析理论、内部控制理论、风险管理理论，同时结合定性和定量分析法对成本进行核算及管理控制。

1. 定性分析法

为了保证调研数据的真实可靠，笔者邀请应用型本科院校的财务工作人员，对其进行访问了解，内容包括成本构成、成本核算及成本管控等方面的情况；同时访谈了高校的成本会计专家，就成本核算方法及成本绩效考评体系构建等方面的问题征求他们的意见，了解了指标设置权重等关键问题。

2. 定性与定量结合法

在定性访谈的基础上，将应用型本科高校的培养学生作业过程以及党群、行政管理以及教辅部门的职能特点与培养学生成本的关联度进行了分析，依据各个部门的实际工作内容，确定了间接成本的分配标准和分配率，依据实际财务数据，采用定性定量相结合的方法，反复验证并构建应用型本科高校全成本核算模型。

（二）成本核算方法

1. 品种法

品种法是指以产品成本作为核算对象，用以归集费用并计算产品生产成本的方法。品种法适合于大批大量大步骤的企业生产。如果将应用型本科校看成是培养人才的工厂，产品生产的特点之一为分批次、批量大，以培养学生的授课计划为产品工艺，那么以专业为成本核素对象对费用进行归集体现了对品种法的应用。同时，应用型本科院校的全成本控制，根据核算出的成本费用，以院（系）、部门为单位进行控制，从管理的目的上也体现了对品种法的应用。成本的计算方法还有分批法、分步法、分类法及定额法等，但是相较于其他方法，以专业为核算对象对高校进行成本控制运用品种法再合适不过了。

核算周期则以学年（每年的9月1日至次年的8月31日）为会计期间，核算4个学年的专业培养学生成本。

2. 目标成本管理法

该方法是一种将成本计算与成本控制相结合的方法，在高校预算的基础上，进行目标成本的分解、控制、考评、评价、分析，是一种以管理为核心，核算为手段，绩效为目的，对成本进行事前预测、事中控制、事后分析考评的全过程、全方位的成本控制体系。

第六节 全成本研究的方案

高校教育成本是指高校为了向学生提供教育服务所支出的各种费用之和，包括以货币计量的支出成本和非货币计量的隐性成本。应用型本科院校的全成本管理是在培养高质量的应用型人才、服务社会的基础上的成本控制，是在一定时间、空间范围内的所有显性成本与隐性成本支出事件的有机统一。通过寻找人才培养作业过程中成本动因、工作效率、服务等因素，分析价值链，将成本进行归集、分配，建立目标成本管理体制、设立岗位职责、建立兼顾非财务成本指标（业务目标的完成、管理绩效）的考评机制，引导全校全员全过程参与，引导各院（系）、部门重视服务人才过程中制度建设、效能建设，实现短期效益与长期效益的有效调节，从而实现应用管理效能的提高，控制成本。

全成本控制路线如图 1-2 所示。

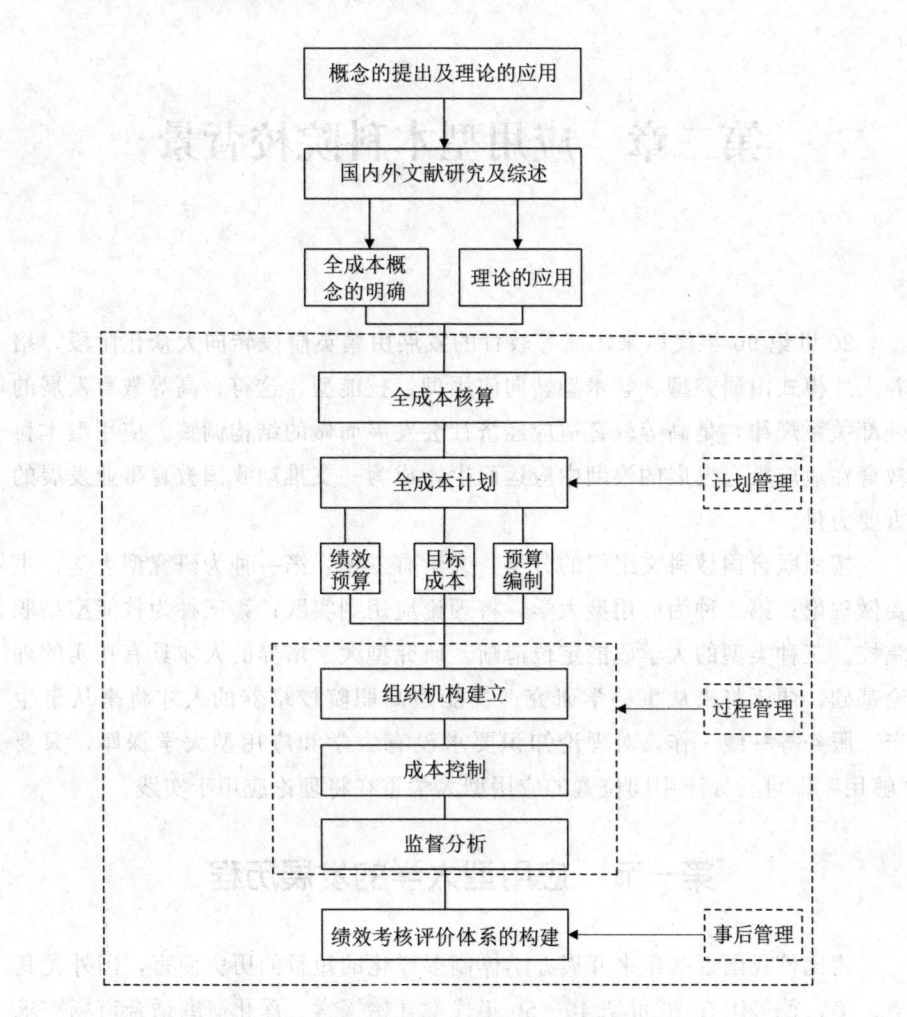

图 1-2 全成本路线示意图

第二章　应用型本科院校背景

20世纪90年代以来，高等教育的发展由精英阶段转向大众化阶段，培养人才模式由研究型、学术型转向应用型、技能型，这符合高等教育发展的外部关系规律，是高等教育适应经济社会发展而做的结构调整。应用型本科教育在适应社会发展的浪潮中应运而生，成为一支推动我国教育事业发展的重要力量。

按照联合国教科文组织的分类，大学有三种：第一种为研究型大学，主要做理论；第二种为应用型大学，将理论应用到实践；第三种为技能型高职院校。三种类型的大学职能定位清晰。研究型大学培养的人才具有扎实的理论基础，便于将来从事科学研究；技能型高职院校培养的人才将来从事生产、服务等一线工作，对理论知识要求没有大学和应用型大学深厚，只要"够用"即可。处于中间位置的应用型大学重在将理论应用于实践。

第一节　应用型大学的发展历程

相比较我国近些年来开展办学体制多样化的短暂的历史而言，国外尤其英、美、德等国在20世纪40—50年代就开始探索、深化研究适合市场需求的办学体制。应用型本科教育随着其所服务的市场需求而不断地调整发展，至今，已形成了比较完善的办学机制，有很多值得我们借鉴学习的地方。

一、英国的应用型本科教育的发展

1945年的《珀西报告》标志着英国开启了应用型本科教育的第一页。报告指出，英国经济衰退的一个原因为缺乏高级技术专业人才。随后1946年出版的《巴罗报告》阐述了技术教育的重要性，1951年《高级技术教育——政府的政策》白皮书说明了技术教育对英国的重要程度及必要性。英国政府于1956年发布《技术教育白皮书》，从官方层面明确了技术学院应开设高级技术课程，将条件完备的学校发展成高级工程技术学院，专门培养高级技术人才。地方学院、区域学院、地区学院和高级技术学院等一些专门培养高级技术人才的应用型高校在同年应运而生。截止到1962年，英国的地方学院350所，区域学院165所，"地区学院"25所，高级工程技术学院28所。20世纪80年代后，为了满足经济增长对人才的各方面需求，英国先后出台了一系列政策，对应用型大学的经费补助、人才质量培养、教学质量以及质量评估等方面给予了清晰的界定。英国的应用型本科教育特别注重职业性课程建设，把培养学生的技能水平放在首位。为加强校企合作，增加教育基金，增强课程设置的灵活性与实用性，1997年英政府成立了高等教育质量保证委员会，与HEFC（高等教育拨款委会）共同监管教育质量。与此同时，英国政府积极完善国际学分转化制度，为学生的国际交流提供方便。

二、德国的应用型本科教育的发展

德国在第二次世界大战中惨败，国家经济受到重创，高等教育发展缓慢。新时期，在新的政治、经济、人口形势下，为了适应高等教育人数不断增加的趋势，确保教育机会均等，同时为了适应知识社会对多样化人才的需求，联邦德国出现了综合型大学和应用型大学。20世纪70年代，联邦德国政府施行了建立区域高等教育系统的计划，扩充了应用科技大学的数量。至此，以应用科技大学（简称FH）为代表的应用型本科教育在德国正式确立。1976年，《联邦德国高等教育结构法》将应用型大学与综合型大学放在同等层次上，这为应用型大学的发展提供了法律保障。20世纪80年代中后期，应用型大学得到欧共体的确认，联邦德国应用型大学学历的官方地位得到保障。在专业课程体系的设置上，联邦德国应用型大学的选修课比例增加，课程主要与计算机、专业英语为主，因为其与科技进步密切相关。同时课程设置上也进行了调整和改革，注重学生的理论与实践相结合。

三、美国的应用型本科教育的发展

美国应用型本科教育发展历史悠久、逻辑严谨，在培养学生扎实掌握通用知识和专业知识的基础上，培养学生的实践操作能力，体现"通才"与"专才"的结合。美国的应用型本科高校通过研究市场，对专业进行细分定位，建立了各自在相关领域内的竞争优势，得到业内的广泛认同，获得了市场认可，业内和市场的积极反馈促进了专业的发展，形成了行业与教育的良性互动。

第一次世界大战后，生产领域尤其是机、电、光等新兴技术得到了迅速发展，市场对专门技术人才的需求急剧增加。为了满足市场需求，以培养高级专门的技术人才的应用型高校在美国相继出现。二战后，尤其是20世纪60年代，电子计算机广泛进入生产领域，企业对专业的、掌握先进技术的应用型高级技术人才的需求增加。以计算机为代表的信息产业、以纳米技术和基因技术为主的高生物技术变成了经济增长点，技术成了一种无形的思维方式，对懂技术的生产者要求越来越高，需求也相应增加。相应地，一大批应用型高校在美国涌现。

通过对英国、德国和美国应用型本科院校发展历程的研究，可以得出，应用型大学教育是经济技术发展的产物，是传统大学为适应市场经济环境的变化而做的调整。在整个变革过程中，政府起着推波助澜的作用，是应用型本科教育发展的强大后盾。在培养人才上，注重学生的实践能力培养是重中之重。

四、我国应用型本科教育的发展

1999年，高等院校大规模扩招，同时，我国高等院校的数目大幅度增加。这些院校中，有很多新建本科院校为高职高专合并或专升本升级而来，一系列问题随之凸显。2008年末，国务委员刘延东做了具体的批示："有些新建地方本科院校在创新办学模式上有很多很好的尝试，应该多予鼓励，多加总结"。2014年，教育部提出针对一批高校进行转型的指导性方案，即：根据市场需求，强化一批高校实行人才培养模式转型，建立以职业需求为引导、培养实践能力为重点、产学结合的人才培养模式。自此，"应用型"高等院校以势如破竹般的速度发展。2015年，《教育部 国家发展改革委 财政部关于引导部分地方普通本科高校向应用型转变的指导意见》对应用型本科院校的具体转变方式方法给予了指导。2016年，推动普通高校向应用型转变被纳入《国民经济和社会发展第十三个五年规划纲要》。《国家职业教育改革实施方案》进一步提出"一大批普通本科高等学校向应用型转变"的发展目标。

应用型本科院校发展的特征有：

1. 人才培养以应用型为主，兼有研究型人才。应用型高校的任务并不是只培养应用型人才，也可以培养研究型人才，但以应用型为主，少量的可以有研究型人才。因此，在课程设置上，主要以应用性、开放性课程为主。

2. 以服务地方经济为主。培养基础扎实、知识面宽、应用能力强、综合素质高的高级专门应用型人才是应用型大学的重要任务。"面向地方、面向行业、面向企业培养人才"是应用型本科院校的根本任务。应用型院校培养的人才应与地方经济技术、市场需求、教育发展等紧密结合；同时，依托地方经济发展，应用型本科院校开拓自己的生存和发展空间，在人才、技术和服务等方面为地方发展提供支撑。应用型本科院校的部分专业也可以面向全国，服务全国，但以服务地方为主。

3. 课程体系设置在强调理论基础的同时，更加注重与市场需求紧密结合。应用型本科院校在办学目标、办学定位、办学层次、办学模式等方面有别于传统大学和高职高专院校，即依据区域经济发展调整人才培养方案，确定自身的办学体系和优势特色。介于其特殊的职能定位，应用型本科院校的课程体系在设置时，除了强调学术的必要性和理论的基础知识外，更加注重面向市场需求和学生发展需要，不断优化课程体系，培养兼具理论应用、技术操作及综合实践能力的、符合社会需要的、不断与时俱进的应用型人才。根据地方区域经济乃至全国人才实际需求，不断进行教学改革，将企业最新的工艺流程、操作需求等融入实训、毕业实习、毕业设计环节，将前沿的、先进的、尖端的代表社会和行业发展需要的新知识、新技术、新工艺等知识结合创新性的培养人才的方式方法传授给学生。

4. 以"双师型"教师为基础，不断完善产教融合的教学体系。构建一批理论知识丰厚，实践技能精湛的"双师型"队伍是应用型本科院校培养人才的有力保障和发展的基础。社会对人才的需求不断调整变化，新的理论知识、新的工艺、新的技术不断更新，为了更好地适应社会对技能型人才的需求，应用型高校的教师应不断更新知识储备，将实践需求融合到教学环节中，做到产教相融合。

5. 以能力建设为主导的多维度的考核评价体系。不同于传统的依靠考试、论文写作的考评方式，应用型本科高校将知识、能力、素质等因素对学生进行综合考评，相应地建立对教师、学生以能力考评为主的多元化考评模式，重视学生实践能力的培养，教师知识、能力等综合素质的不断提升，是一种灵活的、开放的、全方位的考评评价体系。

第二节 应用型本科院校面临的困难与挑战

① 在转型过来的大学里，既有数十年的老校，也有新建的本科院校、地方院校和行业性院校。这些院校（院）长期以来发展定位为成为一所研究

型大学，即重理论轻实践。面对新时期国家经济结构转型升级以及产业结构调整，转型的这些院校必须对自己重新定位，服务地方经济、培养应用型技术技能人才。但就转型本身而言，这是一个不断探索、调整的过程，需要通过长时间实践的积累，逐渐满足市场对人才的需求。

② 我国的应用型本科建设尚处于起步阶段，很多高校正在探索培养应用型人才课程体系的建设，但在"双师双能"教师队伍建设、专业建设、人才培养的绩效评价、治理模式等方面仍处于过去传统大学的思维模式，距培养应用型技术技能型人才的体系建设尚有一定的距离。与此同时，在培养人才方面，应用型大学仍然存在大量的同质化现象，专业设置、课程构建同质化严重，实验实训系统建设的规模与深度有待改进，培养人才的评估体系尚须深度建设。

③ 收入来源财政拨款占主导，筹资渠道狭窄，教育投资的内生力不足。应用型本科院校大多为地方性院校，不同于研究型大学或其他类型的高校，在财政拨款的金额、科研经费的获取以及其他方式的筹资方面存在资金不足、渠道有限的问题。加之应用型高校 30% 以上的课程为实验实践教学，客观上要求学校加大对实验器材、相关的固定资产的投资力度，这使得教育投资的比例偏低，学校发展内生力不足。

第三节　应用型本科院校成本费用构成特点

一、实验实践费用支出相较于传统的教学模式下产生的费用支出占比更大

根据规定，应用型本科院校的实践教学环节的课时应占总课时的 30%～35%，这体现到成本上则为教学过程中对相关的固定资产投入更大，低值易耗品的消耗、实习实践费用支出占总费用的比例相较于传统的教学模式下产生的费用占比更高。

二、人工费用占总费用的比重大，专业建设费占比较小

人工费用包括从事教学的直接或间接人员费用，以及行政管理人员的人工管理费用。专业建设费的投入比重低说明专业建设的内生动力不足，教育投入的比例低。结合高校的成本构成，加之应用型高校存在资金来源方式以财政拨款为主，其他筹资渠道狭窄的现状可知，资金缺口大、教育投资力度

不足，内生力不足是应用型高校普遍面临的问题。

三、日常管理费用占比较大，低值易耗品、水电费的管理有待改进

日常管理费用包括办公费、差旅费、水电费等，这些费用占据了总费用相当多的比重。低值易耗品费存在二级科目设置不清、管理混乱的现象。同时，水电费的金额每年分别以数以百万元计，浪费现象普遍。在走访调研中发现存在很多水电浪费的问题，出现漏水、耗能等现象，说明应用型高校应加强水电费的管理，降低成本。

四、固定资产折旧金额占比高，固定资产重置率高、闲置率高、使用效率低下

在成本费用的总金额中，固定资产折旧额占比较高，仅次于人工费用，同时设备利用率低也是很多应用型高校存在的问题。过去，固定资产的购置计入预算，但使用和折旧不计入成本核算。据统计，在我国，实验室利用率不足60%，而且大型仪器设备利用率在20%以下，固定资产闲置率高，重复采购的现象严重。

五、间接费用多而复杂，培养对象复杂多样

高校培养的学生有不同专业、不同年级，成本除了直接培养学生成本外，还有间接成本。间接成本的构成不仅包括水电费、维修（护）费等变动成本，还包括固定资产折旧费等固定成本。除此之外，间接成本的分摊方式复杂。间接成本的消耗主体主要为院（系），费用的产生主体为如教务处、学生处等职能部门。由于每个消耗主体和每个费用的产生主体自身的职能、业务特点不同，成本费用分摊的方式复杂多变。

第四节 应用型本科院校成本费用方面存在的问题

目前，高校的成本核算是根据国家发展和改革委员会发布的《高等学校教育培养成本监审办法（试行）》进行的。该办法适用于价格主管部门对高等学校教育培养成本进行调查、审计和核算，但并不能满足高校管理层为了提高办学效益和资源的优化配置而对成本进行管理的需求。具体存在的问题可以归结为以下几点：

一、教育成本的核算与现行的高校会计核算体系矛盾

《高等学校教育培养成本监审办法（试行）》提出高校的教育成本核算应实行权责发生制，而实际上高校现行的财务会计实行的却是收付实现制，会计账簿体系体现的信息亦是不具备真正成本意义的消耗量，缺少成本核算内容。财政部 2017 年 10 月 24 日出台的《政府会计制度——行政事业单位会计科目和报表》明确提出：自 2019 年行政事业单位施行权责发生制。然而，从成本核算的角度来说，新制度的出台并未涉及该科目的设置情况，不利于高校成本费用信息的收集，降低了成本核算信息的准确性和真实性，也不利于高校管理者的决策。

二、成本核算缺乏理论指导，实践操作缺失

长期以来，高校实行收付实现制，教育成本核算缺乏必要的理论基础，教育成本核算只停留在理论探讨阶段，实际应用几乎等于零，成本核算在信息的收集、整理，核算方法的理论指导，核算范围以及核算要素等方面缺乏系统的、实践意义的操作。

三、成本核算涵盖的范围广泛

高校成本核算的范围广泛，包含显性成本与隐性成本。其中，显性成本指培养学生过程中耗费货币资本的支出，包括直接成本和间接成本；隐性成本指财务会计核算中没有反映，但耗费了无形的管理成本、人力成本和时间成本。由于制度建设的不完善等造成的损失在会计中无法量化、不能对其进行计量，但却对管理决策产生一定影响，这些成本费用应纳入总成本中予以考虑。

四、成本费用管理的财务制度和会计制度的不一致性

最新修订的《高等学校财务制度》中"第十章 成本费用管理"，要求高校进行成本核算，并按教育费用、科研费用、管理费用、离退休费用和其他费用等的用途进行归集，从财务管理的角度对成本费用提出了管理要求，但在会计的具体执行上没有相应的制度出台，即会计上无法为财务管理提供准确信息，这一点从《事业单位会计制度》上没有与《高等学校财务制度》"成本费用管理"相对应的内容可以看出。

五、成本费用管理意识薄弱，监管机制缺乏

长期以来，应用型本科院校没有将成本核算及成本管理纳入日常管理范畴，重视教育经费开支的合理性，而忽视资金利用的效益性、资源利用的有效性。加之，各项费用支出缺乏监管机制，信息透明度不够，监管力度薄弱，全校上下缺少成本费用的管控意识。

第五节 应用型本科高校全成本管理目标

旨在培养高质量的应用型人才、服务社会的基础上，应用型本科院校的全成本管理，将一定时间、空间范围内的所有显性成本与隐性成本进行有机统一。针对应用型本科院校的战略定位、成本特点，在培养人才性成本管理与控制方面，主要从人工成本、采购成本、低值易耗品摊销、固定资产管理等方面，通过对成本动因、工作效率、服务等因素的控制，提高管理，降低成本。通过目标责任制，引导全校全员全过程参与；通过建立业务目标和综合评价体系，引导各院（系）、部门在完成职能目标，厉行节约的同时，注重服务人才过程中制度建设、效能建设，实现短期效益与长期效益的有效调节，从而实现应用型本科院校的最佳效益。

第二篇
全成本核算体系

第三章 确定核算对象、范围、原则

财务管理活动是通过核算会计数据而进行相应的预测、管理和控制。近年来，我国各高校逐步意识到成本核算的重要性，开始探索建立起一整套完善的成本核算体系。成本核算对象即为确定归集与分配成本费用的承担客体，确定成本核算对象为财务管理奠定基础。《高等学校财务制度》中规定"成本核算是指按照相关核算对象和核算方法，对高等学校业务活动中发生的各种费用进行归集、分配和计算。"

第一节 全成本核算的内容

高校在成本核算过程中可将培养学生视为生产"产品"，按照"产品"内容对成本费用进行归集分配，以核算总成本和单位成本消耗。确定成本核算对象，正确界定成本费用花费界限，为成本核算、成本计划、成本控制及成本考核做好基础工作。

一、全成本核算对象

《高等学校财务制度》中规定"高校教育培养成本按学校性质分类核算，并逐步过渡到按专业分类进行核算。"我国高校现行的收入机制是以专业为基础，主要通过学生缴纳而形成的来源机制，根据收入支出的配比原则以及成本的管理控制需求，以专业为成本核算对象是客观要求和高校发展的必然趋势。

（一）成本核算对象

以专业成本为核算对象，核算各个专业培养人才的直接成本和间接成本。

（二）费用核算对象

期间费用核算对象为各个部门所消耗的费用。

二、全成本核算的会计期间

核算应用型本科高校培养人才的成本，根据我国高校本科生 4 年制的学制,以学年(9月1日至次年8月31日)为计算的会计期间,以专业为核算对象计算培养学生的4个学年的全部直接和间接费用。

第二节 全成本核算范围

一、成本要素构成

以专业为核算对象的成本要素的构成包括高校教育中的从事专业教育、通识教育、综合教育(包括形势与政策、就业指导、安全教育、心理健康教育、军事理论教育)及从事党政思想教育的直接和间接的教师费用,以及其他与培养学生有关的传统上不计入成本的费用,如与从事培养学生相关性较大的行政管理部门所发生的管理费用和固定资产折旧费用。

应用型本科院校的成本费用构成如表3-1所示(特别说明:为了便于归类总结费用项目名称,有些费用项目的提法与会计科目的提法不符)。

表3-1 应用型本科院校费用支出组成部分

人员支出		教职工基本工资
		津贴
		奖金
		社会保障缴费
		绩效
		住房公积金
		工会经费
		福利费
		其他人员支出
公用支出	专用费用	招生宣传费、实习费、就业指导费、专业建设费、科研费用、考务费、教材采购费、图书资料购置费、军训费、毕业设计费
	公共费用	办公费、水电费、公务接待费、邮电费、取暖费、差旅费、公务用车购置和运行维护费、会议费、接待费、物业费、保安费、诉讼费、其他后勤费、委托业务费、警卫消防费、维修(护)费
对个人和家庭的补助支出		离退休费
		抚恤金和生活补助金
		医疗费
		助学金
		住房补贴
		其他支出(如学生活动经费)
固定资产折旧及摊销		房屋建筑物折旧、固定资产折旧、低值易耗品摊销

二、成本要素的确定

长期以来,理论界对于科研费用、后勤管理支出、离退休人员费用、奖助学金、学生住宿费用、教材费是否应计入培养学生成本存在较大争议,对此,笔者先后查阅了相关的文献资料,后又征询了一些高校的专家和财务工作人员,进行了如下界定。

1. 科研费用。《教育成本监审办法》中规定将科研费用的30%计入成本。学者袁连生(2000)[1]认为科研消耗的部分应计入高校教育成本之中;但阎达五和王耕(1989)[2]认为不应将科研费用计入教育成本。崔邦焱(2003)[3]以问卷调查的方式对此进行调查,发现高校教师多数主张将30%的科研费用计入教育成本。对此,本书采用了多数高校教师的主张,即将科研费用的30%计入培养学生成本。

2. 后勤管理支出。近些年,高校后勤管理社会化,运营企业化。学者尤谊等(2008)[4]认为后勤管理虽然某种程度上耗费了高校的部分资源,但其活动与教育活动相分离,不应计入高校教育成本。笔者走访了几家高校的教师,他们认为虽然后勤管与培养学生有一定的关联性,但相较与其活动本身的性质,这种关联性不大,不应计入教育成本。

3. 离退休人员费用。离退休人员支出本身性质上是按比例对学校进行费用计提。崔邦焱等(2003)[5]认为离退休人员与培养过程无关,不应将离退休人员支出计入教育成本。从培养专业学生成本角度讲,很难界定离退休人员是否与培养专业有关,因此,不应计入专业成本。

4. 奖助学金。奖助学金分为国家级奖助学金和校级奖助学金。奖学金、助学金具有转移性支出性质,是收入转移,与学校提供的教育服务无关,不计入教育成本。国家奖助学金具有收入转移性质,但校级奖助学金消耗了学校的资源,且与培养学生成本关联性大,从全成本要素核算的角度来讲,应将校级奖助学金计入培养学生成本。

5. 学生住宿费。学生住宿费由学生自己缴纳,没有将其纳入以专业为核算对象的成本核算范围之内。

---

[1] 袁连生.教育成本计算[M].北京:北京师范大学出版社,2000.
[2] 阎达五,王耕.教育成本研究[J].教育与经济,1989.
[3] 崔邦焱.高等学校学生成本计量研究[D].北京:北京师范大学博士论文,2003.
[4] 尤谊,谢娟,张贺章.高校教育成本研究[J].经济研究参考,2008.
[5] 同[3]

6. 教材杂费。应用型本科院校的教材费一般为学生自负，且不纳入院校的收入，但学校支付的教材搬运费、整理费等的费用（下称教材采购费）应纳入成本核算范围。

鉴于以上国内外文献资料，国家出台的相关法律、法规以及多年从事高校财务工作的人员和相关专家的意见，对以专业为核算对象的成本范围进行了如下界定。

1. 人工费（税前）。包括基本工资、奖金、津贴、绩效工资、社会保障缴费、补充养老保险——职业年金、住房公积金以及其他人员支出。

① 基本工资，指高等学校按国家统一规定发放给在职人员的基本工资，包括固定工资与国家规定比例的津贴、各类学校毕业生见习期间的临时待遇。

② 津贴，指高等学校在基本工资之外按国家规定发放的津贴，包括地区性津贴、政府特殊津贴、班主任津贴及价格补贴、冬季取暖补贴等。

③ 奖金，指高等学校在基本工资、津贴之外，按国家规定开支的各类奖金。

④ 社会保障缴费，指高等学校为职工缴纳的基本养老、医疗等社会医疗费。

⑤ 其他人员支出，指上述项目未包括的各种加班工资、病假两个月以上期间的人员工资、编制外长期聘用人员及临时工工资等人员支出。

2. 奖助学金。主要指高校支付的学校专项奖学金和校助学金。

3. 学生活动费。指学生举办的社团、文体活动费用（含系部和团委的活动经费）。

4. 水电费、取暖费。指用于教学、实验发生的水电资源的耗费以及冬季取暖费用。

5. 日常管理费用。指院（系）、部门为培养学生所耗费的办公费、通信费、差旅费等。

6. 专用费用。招生宣传费、就业指导费（不含就业代课费）、实习费、专业建设费、考务费、教材采购费、图书资料购置费等。

其中，教材采购费指学校为用于教材购置时发生的采购、运输、搬运、保管、发放等必要开支。图书资料购置费指图书馆图书文献资料购置费，图书数字资源购置费，二级学院资料室购置费，图书编码上架费。

7. 固定资产折旧费。主要指教学使用的房屋、建筑物、实验设备以及器材的折旧费用，固定资产的盘亏、盘盈不计入培养学生成本，在建工程不计入培养学生成本。

8. 低值易耗品摊销。根据教育部 财政部 1984 年印发的《高等学校材料、低值品、易耗品管理办法》规定："材料：指金属、非金属的各种原材料、燃料、试剂等。低值品：指凡不够固定资产标准又不属于材料范围的用具设备，如：低值仪器仪表、工具量具、科教器具等。易耗品：指玻璃器皿、元件、零配件、实验小动物等。"

《高等学校会计制度》规定："低值易耗品的成本于领用时一次摊销。"

9. 医疗费。指学校为学生支付的医疗费。

10. 维修（护）费。指高校用于恢复固定资产使用价值、保持正常工作而支出的日常修理和维护费用，包括各类设备维修（护）费，单位公用房屋、建筑物及附属设备的维修（护）费，以及按照国家有关部门的规定，不够基本建设投资额度的零星土建工程费用（不包括文物保护单位管理的古建筑、纪念建筑物的维修或维护费）。

11. 科研费用。根据《教育成本监审办法》："按科研费用的30％计入成本。如能分别计入具体成本项目，则在该项目中直接核减；否则，按科研费用占学校教育总支出比例的70％相应核减教育培养成本各项目支出。"

12. 其他费用。为组织和管理学生而产生的各种费用支出。

以上费用包含培养学生的成本、直接成本和间接成本，直接成本如人工费则直接计入培养人才成本；间接成本需要采取相应的成本分配措施进行分配。

特别说明：

1. 公务用车购置和运行维护费、会议费、公务接待费、物业费、其他后勤费用、保安费、诉讼费、委托业务费等费用与培养学生的关联性较小，不作为专业培养学生成本。

2. 应用型本科院校有学历教育和非学历教育，成本核算对象有全日制专业学生和非全日制专业学员。本书的成本核算对象为全日制在校学生的专业。

三、专业全成本的分类

根据成本要素与核算对象之间的关系，可以将成本要素划分成直接成本和间接成本；根据成本是否可以控制可划分为可控成本与不可控成本。

（一）直接成本和间接成本

直接成本是指培养学生的费用发生时，能直接计入某一专业成本计算对象的费用。某项费用是否属于直接成本，取决于该项费用能否确认与某一成本计算对象直接有关或是否便于直接计入该成本计算对象。直接成本包括人工费用、校外实习费用、医疗费、奖助学金、系学生活动经费、毕业设计费以及院（系）日常管理费用。

间接成本是指培养学生的费用发生时，不能或不便于直接计入某一专业的成本计算对象，而需按一定的方法加以分配后再计入有关成本计算对象的费用。间接成本包括水电费、取暖费、维修（护）费、固定资产折旧费、招生费、军训费、团委学生活动经费、教材采购费、科研经费、低值易耗品摊销、就业指导费等。

（二）可控成本和不可控成本

可控成本是指在特定时期内、特定责任中心能够直接控制其发生的成本。可控成本通常应符合以下三个条件，否则为不可控成本：① 成本中心有办法知道将发生什么样性质的耗费；② 成本中心有办法计量它的耗费；③ 成本中心有办法控制并调节它的耗费。

不可控成本是指不能为某个责任单位或个人的行为所制约的成本。不可控成本一般是无法选择或不存在选择余地的成本。它也具有相对性，与成本发生的空间范围和时间范围有关。

费用要素中的人工费用（代课教师及管理人员）中的绩效工资、教材杂费、校外实习费、日常办公费经费、奖助学金、课改费、军训费及学生活动经费为可控费用。人工费用（代课教师及管理人员）中的固定工资、水电费、取暖费、维修费、耗材费、固定资产折旧费、保险费为不可控成本。

第三节　全成本核算的要求

一、全成本核算应遵循的规则

根据《事业单位会计准则》《事业单位财务规则》《行政事业单位内部控制规范》以及参考有关消耗定额、支出标准及支出范围的相关政策和文件，结合应用型本科院校的成本构成特点和内外部环境，遵循的要求如下：

1. 成本费用实行分期核算。
2. 核算方法保持前后连贯、一致。
3. 成本的确认和计量符合国家会计制度的规定。
4. 成本费用归集、分配、核算应考虑重要性原则。
5. 成本费用核算应当符合客观实际，以实际发生的金额计价，不得人为降低或提高成本。
6. 划定专业之间、本届学生和下届学生之间的成本界限，不得任意摊销。
7. 划清成本、费用的核算范围，凡是规定不准列入成本的开支，不得计入专业成本。

8. 按照成本的专业项目进行归集，归集过程保证成本核算与实际培养学生进程同步。

9. 对于能直接归属某个专业成本核算对象的直接列入相应的专业。

10. 对于涉及两个及两个以上的成本核算对象需要对相应成本进行分摊，分配依据为专业人数或课时数等。

11. 以品种法作为成本计算方法，品种法是一种以产品品种为成本核算对象的计算方法，主要包括：① 成本明细账及成本计算单应以专业"品种"为对象。② 成本计算期为培养学生的 4 个学年（每个学年的 9 月 1 日至次年的 8 月 31 日）的 8 个学期。③ 以专业"品种"为对象进行成本的归集和分配。④ 以专业"品种"为主要对象进行成本分析、评价。

12. 成本核算对象方法的变更需要经过成本管理中心讨论，负责人审批后方可生效。

二、成本费用会计凭证管理的要求

1. 成本管理中心相关工作人员办理成本费用的核算事项须时根据或填制原始凭证，并据审核后的原始凭证编制记账凭证。在记账凭证的相应位置上须有财务处会计、出纳人员须签字。

2. 财务处相关成本会计工作人员应受理真实、合法、有效的成本费用原始凭证，对不准确、不完整的原始凭证予以退回。

3. 成本管理中心相关工作人员应根据成本费用账簿编写财务成本报表并上报校（院）长。财务成本报表每月编制一次并上报，报表须成本管理中心负责人签名。

4. 根据行政事业单位会计档案管理规定，财务处定期对会计凭证进行整理，并及时交由档案保管人员保存。

第四节 全成本核算的原则

成本确认和计量是成本核算体系中不可缺少的组成部分，是成本核算的基本规则和要求。构建高校教育成本核算体系的前提和基础是明确成本确认和计量的一般原则。

一、权责发生制原则

2017 年 10 月 24 日，财政部出台了关于印发《政府会计制度——行政事业单位会计科目和报表》的通知，明确提出自 2019 年 1 月 1 日行政事业单位的财务会计核算施行权责发生制，预算会计核算实行收付实现制。实行权责发生制，设立"专业成本"账户，即从数据源头收集高校成本的收入、支出情况，进而实现全成本管理和预算管理的有效对接。

二、划分收益性支出和资本性支出原则

收益性支出通常指经常性项目的支付，如人工、材料费用的支出。资本性支出通常指长期性资产项目的支出，如固定资产、无形资产等支出。正确划分应计的当期费用是划分收益性支出与资本性支出的重要意义所在。高校的支出中，也存在着收益性支出和资本性支出。学校进行教育成本核算时必须遵循划分收益性支出和资本性支出的原则，只有这样才能使成本核算更准确，为学校财务管理提供更确切的信息。这也是一般会计的原则，成本核算必须遵循会计的一般原则。

三、配比原则

配比原则（又称收益成本配合原则）是指一定会计期间的成本费用（或归集到相关对象中的成本费用应与有关的收入或产出相匹配、相比较）。举例来说，对于日常消耗性费用支出应全部一次性计入当期成本，而对于设备购置费、修缮费等属于资本性支出的费用应根据配比原则进行计提折旧。运用配比原则，在进行教育成本核算时才能准确地计算出一个时期的成本和某项专门产品的成本。

四、相关性原则

在高校所有发生的成本费用中，有相当一部分费用支出并不是与教学活动有着相关关系，比如医院的费用支出、幼儿园的费用支出等高校开设的企业的支出。按照相关性原则，与教育教学无关的费用支出一律不计入教育教学成本。

五、分类核算原则

高校的主要职能是，培养人才、发展科学知识和为社会提供服务。其中，在培养人才过程中，高校设置很多专业，有的高校的专业有几十种，有的甚至多达上百种。按照学历和专业培养人才，成本费用的支出不同，需要分别核算。实行分类核算才能准确反映不同专业性质的教育成本，细分成本项目，成本费用对象化，这样才能提高成本核算的科学性和准确性。

上述五个原则互为表里、密切相关，它们从不同角度规范会计主体的成本核算工作，是核算高校教育成本必须遵循的基本原则。

第四章 核算方法的确定

根据实际消耗的各项资源费用，通过恰当的核算方法确定核算对象的成本和费用。对于成本核算方法的采用应视成本核算对象而言，有的学者建议采用作业成本法等，但依据目前高校会计体制采用收入实现制，有限的信息采集不利于使用作业成本法。

第一节 会计核算方法的种类及繁衍变化

会计成本核算方法有：制造成本法、完全成本法、变动成本法、作业成本法、标准成本法、定额成本法、目标成本法、生命周期成本法、品种法等。一系列的成本核算方法的变更是客观经济环境变化下的产物。

一、成本核算为主，信息提供为辅

20世纪早期，以美国纺织、铁路和钢铁制造业为代表的资本主义经济大规模发展客观上要求一种能够科学反映制造成本的核算方法。该阶段的会计主要通过成本核算和财务预算等方法，实施企业成本控制，进而实施财务控制，但重点在于成本核算。

制造成本法主要由直接成本（直接材料和直接人工）以及与企业生产产品或服务有关的间接费用（制造费用）构成。由于当时产品成本的主要组成部分是材料费用和人工费用，制造费用以车间或部门为归口，以产量为对象的分配标准（如工时）分配到车间或部门的产品上。该种分配方法适合机械化程度低、产品品种稀少、制造费用占总成本比例不高的市场经济环境，但缺点是分配标准单一，且制造费用的划分简单，对具体的损耗认定和分解没有统一详尽的说明。

作为管理会计学的基本方法之一，变动成本法的理论方法是将制造成本按其与业务量之间的关系分为固定成本和变动成本，其中固定成本被视为期间费用而计入当期损益；而变动成本则与业务量成正比，在一定时期按照变动制造费用计价、与直接人工、直接材料一起核算产品成本。除了将间接费用划分成固定制造费用和变动制造费用之外，管理费用、销售费用、财务费用等依据业务量分为固定成本和变动成本。变动成本法的缺点是不能准确界定固定成本与变动成本。

完全成本法（又称吸纳成本法或吸收成本法）根据产品的经济用途，把包括的直接材料、直接人工、间接费用（包括固定制造费用和变动制造费用）全部核算到产品成本中。该方法与产品产量直接联系，产量越高，成本越低，反之亦然，但缺点是有时夸大业绩，不利于企业管理者分析、决策。

二、以价值链思维为导向，服务于企业战略，全过程、全成本参与企业管理功能体系

成本会计在由起初的成本核算、为企业提供信息的角色地位到今日的从价值链的角度审视思考企业的成本，站在企业发展战略的高度参与企业管理的期间，经历了一系列的核算方法的引入（如 Dean 预算方法）、调整变化。这一系列理论方法的提出依据客观市场环境变化而相应发展变化。

市场国际化、竞争外延化以及新的技术方法不断更新换代，产品生命周期缩短，加之企业内部规模缩小、业务外包、管理扁平化等现象的出现，客观上要求成本由核算信息提供转移到能够有助于创造价值的方法上，管理会计的着眼点立足于企业价值的创造。

（一）作业成本法（ABC）

传统的制造成本法由于在制造费用核算方面笼统而缺乏精致的推算，因而核算出的产品成本不准确，进而导致利润核算、产品定价等不准确，不能为管理者及外部投资者提供准确的信息。

作业成本法依据企业作业流程，根据作业消耗动因设定作业中心，根据作业与对象之间的关系，设定合适的分配标准，进而计算产品成本。理论上讲，作业成本法站在企业价值链的角度，扩大了成本核算的范围和广度，核算企业的制造成本、作业成本甚至企业全成本，挑出增值作业和非增值作业，使成本核算更加准确，也使企业流程再造成为可能。

（二）标准成本法

标准成本法是管理会计的重要组成部分之一，通过预先制定标准成本，并把实践中操作的成本和预制的标准成本做比较，核算和分析成本差异，找

出原因，进行整改。该方法将事前分析、事中控制、事后评价有机结合起来。根据公式，标准成本等于实际产量乘以单位产品标准成本，标准成本的制定需要企业各部门在生产经营条件及市场环境下经过分析研究制定。标准成本法更适用于产品周期长、市场稳定的外围环境。

（三）定额成本法

20世纪50年代引入我国的定额成本法，是基于标准成本法而形成的一种新的核算方法。该方法的运用，即在事前进行分析、核算，在事中进行控制，最后在事后进行差异分析，从这一角度讲标准成本法也起到了这一功效。但区别在于，定额成本法则建立成本差异明细账户，在生产费用发生的当月将符合定额的费用和发生的差异分别核算，加强对成本差异的日常核算、分析和控制。

（四）目标成本法

目标成本法是一种以市场为基础，根据客户的期望和竞争者的可能反应，估计未来某一时间点上市场售价，减去利润即得出目标成本。该方法的基本思想：计算、设定成本目标；计算分解目标成本；估计对比目标成本，是建立在作业成本法基础上，以企业战略为出发点的全过程、全方位、全人员参与的成本管理方法。

（五）生命周期成本法（LCC）

起源于20世纪八九十年代的生命周期成本法是学术界乃至企业都很重视的理论。"生命周期成本"理论和方法有狭义和广义两种认识。狭义的是指在企业内部由生产产品而引发的成本，包括产品之初的策划、设计、生产、销售甚至物流等全过程与产品相关的成本。广义上不仅包括由生产产品过程中由企业负担的成本，还包括销售后的顾客产品使用成本、维护保养成本、放弃处置成本、甚至包括相应的环境成本等。该理论的思想是：细分基本的成本分类；归纳基本成本分类；定义和量化成本组成要素；估计生产体系的经济寿命；加总成本。在现代，以计算机为代表的高科技的投入，生命周期成本法的应用具有深远意义。

这些一系列成本法的变更也是在企业管理中的作用发生变化的过程。从最初的成本核算、信息提供、定性分析到流程价值链创造，这几个阶段的发展变化不仅是成本管理量的变化，更是质的飞跃。成本管理已经走出了单纯的加工财务信息，能够运用财务和非财务指标，定量和定性分析，站在顾客、供应链、售后等角度，将企业内外部因素结合分析控制成本。

第二节　适合应用型本科院校的成本核算方法

一、品种法

品种法是"产品成本计算品种法"的简称，是一种以产品品种为计算对象，据此来归集生产费用，计算产品成本的方法。它是工业企业计算产品成本最基本的方法之一。主要适用于大批量生产的简单生产（单步骤）的行业或企业。

二、分批法

分批法也称订单法，是以产品的批次或订单作为成本计算对象来归集生产费用、计算产品成本的一种方法。它主要适合单件或小批的多步骤生产。

三、分步法

分步法是按产品的生产步骤归集生产费用、计算产品成本的一种方法。它主要适用于大量或大批的多步骤生产。

如果将应用型本科院校看成是培养人才的工厂，培养的大批量社会化人才是其产品的话，那么专业化的人才则是以产品品种为依托，据此进行产品的成本核算，这一点体现了品种法的应用。另外，高校培养的专业化人才是以院（系）为依托，通过专业教育、实践培训向社会提供"产品"，培养人才的整体工艺并不烦琐，这一特点与品种法的适用特点相吻合。

第三节　费用要素的划分、归集与核算

根据确定的各项费用要素与核算对象之间的关系，将费用划分为直接成本和间接成本。间接成本根据作业动因，设定成本分配模型核算专业培养学生成本和非培养学生性成本。费用要素的核算是成本管理工作的重中之重，成本核算的正确与否，直接影响高校的成本预测、计划、分析、决策、考核和改进等控制工作。

一、费用要素的划分原则

应用型本科院校的费用要素划分根据相关性原则及价值性原则进行划

分,其中,① 相关性原则。高校在培养学生过程中,存在很多与培养学生无关的活动,如退休教师工资、园艺工工资等。因此,在要素归集时,应本着相关性原则,即直接相关和间接相关原则。其中,间接相关是以培养学生成本为宗旨,在归类、核算直至为高校领导做管理决策之用的具有普遍意义的关联性。② 价值性原则。在高校教育成本核算中,有些成本的消耗与培养学生相关性不大,这类成本消耗的价值性不强,服务效果不高、效率低下,应予以剔除;相反,应将那些对培养学生成本影响大、服务效果好、效率高的成本价值活动纳入成本核算中。因此,从培养学生全过程价值链角度,在培养学生成本核算过程中,重视那些效果好、效率高的价值作业活动,加强低效率作业活动的优化,而应避免无效的作业活动。

二、全成本费用的核算

为了更好地核算成本,根据各要素的成本动因对成本进行更合理地分配,使得成本计算更为准确。根据高校培养人才的特点,以成本各要素组成的成本动因归类如表4-1所示。

表4-1 专业全成本构成及动因分析

	费用类别	成本动因	备注
一、教学活动前	1. 招生费		
	1.1 网招费	学生人数	
	1.2 宣传费		
	3. 军训费	学生人数	
	4. 医疗费	学生人数	
	5. 教材采购费	学生人数	
	6. 其他费用		
二、教学活动中	1. 人工成本		
	1.1 基本工资	课时数及岗位级别	
	1.2 奖金、津贴		
	1.3 绩效工资		
	1.4 个人所得税		
	1.5 社会保障缴费		
	1.6 住房公积金		
	1.7 其他人员支出		
	2. 考务费	小时	

续表

	3. 奖助学金		
	3.1 校专项奖学金		
	3.2 校助学金		
	4. 学生活动经费		
	4.1 系学生活动经费	学生人数	
	4.2 团委学生活动经费	学生人数	
	5. 水电费	课时数	
	6. 取暖费	课时数	
	7. 专业建设费	学生人数	
	8. 日常管理费		
	8.1 差旅费		
	8.1.1 通勤费		包括院（系）
二、教学活动中	8.1.2 误餐费	学生人数	和辅助教学行
	8.2 邮电费		政管理部门
	8.2.1 邮寄费		
	8.2.2 电话费		
	8.3 办公费		
	9. 就业指导费	学生人数	
	10. 校外实习经费	学生人数	
	11. 毕业设计费	学生人数	
	11.1 毕业设计指导费		
	11.2 毕业答辩费		
	12. 图书资料购置费	学生人数	
	13. 低值易耗品摊销	课时数	
	14. 其他费用		
	1. 折旧及摊销	课时数	
	1.1 固定资产折旧	课时数	
三、其他间接费用	1.1.1 房屋建筑物折旧	课时数	
	2. 维修（护）费	课时数	
	3. 科研费用	学生人数	
	4. 其他费用		

《教育成本监审办法》中学生总人数的计算方法：按年初学生总数与年末学生总数平均计算。计算公式为：(年初学生数×8＋年末学生数×4)/12。

(一) 直接成本

1. 人工费用（RC）。根据主体教学活动内容将基础部的教学费用和院（系）的教学费用（含通识教育费、专业教育费、综合教育费以及实验实训课程费用）、考务费用、毕业设计指导费用、答辩费用算入教师直接人工费用，加上教师的基本工资、津贴、奖金、学校为教师支付的社会保障缴费（养老保险费、医疗保险费及补充养老保险）、住房公积金等共同构成人工费用；其他直接参与教学活动的人员支出。

人工费用包括教学型教师的费用和院（系）团委、院系办公室和党政思想的人员费用。如果直接人工费用可以直接归属到以专业为核算对象的成本中，则直接核算。但是高校在一般情况下，院（系）的人工费用需要进行分配进而划分到成本核算对象中，授课教师的费用以课时数为成本动因，院（系）其他类型人员（如办公室行政人员、团委、辅导员等）则以学生人数为成本动因进行成本的分配核算。

① 某专业每年课时工资分配率＝年度授课教师工资总和÷年度授课时数总和，

所以，某专业年度教学费用＝专业每年课时工资分配率×专业课时数

② 院（系）党团、办公室及辅导员年度人工费分配率＝院（系）党团、办公室及辅导员年度综合人工费÷院（系）党团、办公室及辅导员人数，

所以，专业党团、办公室及辅导员年度人工费＝院（系）党团、办公室及辅导员人工费年度分配率×某专业人数。

注：如果辅导员所带某专业一致，则辅导员的人工费直接计入专业人工费用。

③ 专业人工费用＝专业年度教学费用＋专业党团、办公室及辅导员年度人工费。

2. 校外实习费用（SC）。实习费用属于专项经费，包括各类实习（实训）、校外实习教师教学指导费用、实习学生的交通费、住宿费、实习单位收取的实习教学管理费、实习观摩费、实习教学资料费、聘请实习单位技术人员授课及指导费。高校实习费用的发放方式有2种，一种为实报实销，另一种为包干发放。实习费用发放应按教学计划和参加实习的人数，根据高校自己的"实习经费管理办法"进行核算，成本直接计入某专业成本。

3. 奖助学金（XC），指校级奖助学金。校级奖助学金包括校专项奖学金和校助学金。由学校规定，按照某专业人数及比例设定。奖助学金四个学年三次。

4. 医疗费（BC）。指学校为学生支付的医疗费。

5. 系学生活动经费（HC）。需要特别指出的是，有的院校根据专业发放学生活动经费，有的院校则将学生活动经费落实到具体人头上。不论规定如何，按照专业为核算对象的话，都应算作专业培养人才的直接成本。

6. 院（系）日常管理费用（YGC）。包括办公费、差旅费邮电费。核算方法：

院（系）年度日常管理费用分配率＝院（系）年度日常管理费用总额÷院（系）学生总人数；

某专业年度日常管理费用＝院（系）年度日常管理费用分配率×某专业人数

7. 毕业设计费。根据参加毕业设计学生人数，按照学校标准执行。

(二) 间接费用

1. 水电费（SDC）

对于水电费的核算，主要分为两种核算方法：一种为教学楼的水电费的核算，另一种为行政办公楼和教学楼水电费混合的水电费的核算。

第一种教学楼水电费的核算：

某专业课时所用水电费分配率＝年度的水电费总额÷年度课时数；

所以，某专业年水电费＝每年某专业课时所用水电费分配率×当年某专业课时数；

第二种混合水电费的核算：

根据建筑面积核算教学部分水电费和院（系）与辅助教学行政管理部门的水电费，即：

① 年度水电费分配率＝年度水电费用总和÷总建筑面积；

② 教学部分年度水电费＝年度水电费分配率×教学部分建筑面积；

③ 院（系）与辅助教学的管理部门的年度水电费＝年度水电费分配率×建筑面积（院（系）与辅助教学行政管理部门之和）；

④ 某专业年度教学水电费分配率＝（院（系）与辅助教学的管理部门的年度水电费之和）÷年度课时数；

⑤ 某专业水电费费用＝每年某专业课时所用水电费分配率×当年某专业课时数。

2. 取暖费（QC）

取暖费一般发生在北方的高校，费用计算公式为：

① 教学楼年取暖费＝非居民供热价格×教学楼宇建筑面积；

② 院（系）与辅助教学的管理部门的年取暖费＝非居民供热价格×楼宇建筑面积（院（系）与辅助教学的管理部门之和）；

③ 某专业年课时取暖费用分配率＝（年教学楼取暖费＋院（系）与辅助教学的管理部门的取暖费）÷年度课时数。

所以，某专业取暖费＝某专业年课时取暖费用分配率×当年某专业课时数。

3. 维修（护）费（WC）

一般性的维修（护）费分为院（系）的教学设备、设施等维修及公用教学设备、设施等的维修。因此，计算公式如下：

① 院（系）年度维修（护）费用分配率＝年维修（护）费÷年度院（系）上课课时总数；

② 年度公用维修（护）费用分配率＝年维修（护）费÷年度上课课时总数；

③ 某专业年度维修（护）费＝专业年度课时数×（院（系）年度维修（护）费用分配率＋年度公用维修（护）费用分配率）。

注意：对于大修缮费用（超过该固定资产原值的20%）计入固定资产，按照固定资产预计可使用年限分摊计提折旧。

4. 固定资产折旧费用（GC）

2013年1月1日财政部、教育部颁布施行的《高等学校财务制度》（财教〔2012〕488号）第四十二条规定："固定资产是指使用期限超过一年，单位价值在1 000元以上（其中：专用设备单位价值在1 500元以上），并在使用过程中基本保持原有物质形态的资产。单位价值虽未达到规定标准，但是耐用时间在一年以上的大批同类物资，也作为固定资产管理。"第四十三条规定："高等学校应当对固定资产采用年限平均法或工作量法计提折旧。计提固定资产折旧不考虑残值。"

《高等学校财务制度》及《高等学校会计制度》规定高等学校固定资产一般分为六类：房屋及构筑物，专用设备，通用设备，文物和陈列品，图书、档案，家具、用具、装具及动植物。各类固定资产的性能、用途、使用年限均有差别，因此固定资产应按大类计提折旧。对于房屋及构筑物、专用设备、通用设备等应计提折旧的固定资产，在购置固定资产时不将原值全部计入支出，而将应计提的折旧部分作为事业支出或经营支出。对于文物和陈列品、图书、档案、动植物等不应计提折旧的固定资产，在购置时将原值全部计入支出。除了房屋以外的各种设备仅限于在用部分，未使用的不计提折旧。《高等学校财务制度》规定高等学校应当对固定资产采用年限平均法或工作量法计提折旧，计提固定资产折旧不考虑残值。

对于固定资产的折旧年限，《教育成本监审办法》规定：

① "各年房屋建筑物应提折旧统一按当年房屋建筑物固定资产总值的2%（50年折旧期）计提。其中：已投入使用但未办理竣工结算的房屋建筑物可按估计价值暂估入账，并计提折旧。"

② 设备按分类折旧率（专用设备按8年、一般设备按5年，其他设备均按10年折旧）计提折旧。按设备购置年限已经提取完折旧的设备，不再计提。

③ 某专业固定资产折旧的算法：

某专业的固定资产折旧包括专业设备固定资产折旧、通用设备固定资产折旧、房屋和构筑物的折旧。固定资产不仅包括直接用于教学的固定资产，还应包括辅助教学行政管理部门的固定资产。固定资产折旧的成本动因是课时数，所以得出：

固定资产折旧分配率＝年度固定资产折旧额÷年度课时数；

某专业年度固定资产折旧额＝固定资产折旧分配率×年度课时数。

5. 专业建设费（ZC）

主要支出项目有：师生参加各级各类的学科知识竞赛的相关费用；开展学术讲座发生的相关费用；师资培训费，包括教师参加学术会议、开展调查、进修培训等费用；与学科、专业建设有关的奖励，包括教学、科研等方面的奖励；购买与学科、专业建设有关的图书、资料的费用；学科、专业条件建设。

某专业建设费分配率＝年专业建设费÷院（系）的学生人数；

某专业年建设费＝某专业建设分配率×某专业学生人数。

6. 图书资料购置费（TC）

年图书资料购置费分配率＝年图书资料购置费÷学生人数；

某专业年图书资料购置费＝年图书资料购置费分配率×专业学生人数。

7. 招生费（ZSC）

招生费分配率＝入学当年（宣传费＋网招费）÷当年招生人数；

某专业招生费＝招生费分配率×当年招生的某专业人数。

备注：宣传费及网招费指学生入学当年的费用。

8. 军训费（JXC）

军训费用分配率＝入学当年军训费÷当年招生人数；

某专业军训费＝军训费用分配率×当年招生的某专业人数。

9. 团委学生活动经费（TXC）

学生活动经费主要指团委组织的学生活动经费。经费的核算方法：

团委年活动费用分配率＝团委年活动费÷学生总人数；

某专业团委年活动费＝团委活动费用分配率×某专业学生人数。

10. 教材采购费（JC）

教材采购费分配率＝年教材采购费÷学生总人数；

专业教材年采购费＝教材采购费分配率×某专业学生人数。

11. 科研费用（KC）

科研费用如果能计入专业成本，则直接计入，否则应按科研费用的30%根据学生比例分摊。

科研费用年分配率＝年科研费用×30%÷学生总人数；

某专业年科研费用＝科研费用年分配率×某专业学生人数。

12. 低值易耗品摊销（DC）

低值易耗品摊销分配率＝年度固定资产折旧低值易耗品总额÷年度课时数；

某专业年度低值易耗品摊销额＝低值易耗品摊销分配率×年度课时数。

13. 就业指导费（JYC）

包括就业处开展的就业指导（含邀请就业指导专家、社会成功人士来校做专题讲座、职业生涯规划指导等活动形式）、专场招聘会、开展就业信息化建设等。

就业指导费分配率＝年度就业指导费总额÷学生人数；

某专业年度就业指导费＝就业指导费分配率×某专业学生人数。

（三）辅助教学行政管理部门费用

辅助教学行政管理部门包括教务处、招生处、就业处、保卫处、学生处、团委、图书馆、实验实训中心、网络信息中心、国有资产管理处、科技产业处。

辅助教学行政管理部门费用（GLC）：上述部门的人工费用；上述部门的日常管理费用（含办公费、邮寄费和差旅费）。

备注：辅助教学行政管理部门费用还包括固定资产折旧、水电费、取暖费等，需要根据学生人数、课时数进行分配，具体核算已经包括在上述的核算模型中。

① 年度辅助教学行政管理部门人工费分配率＝（辅助行政管理部门年人工费用）÷学生总人数；

专业年度辅助教学行政管理人工费用＝年度辅助教学行政管理人工费分

配率×某专业人数。

② 辅助教学行政管理部门年度日常管理费用分配率＝辅助教学行政管理部门的年日常管理费用÷学生总人数；

某专业年度日常管理费用＝辅助教学行政管理部门年度日常管理费用分配率×某专业人数。

综上所述：

某专业成本 CZ＝CRC+SC+XC+BC+HC+YGC+SDC+QC+WC+GC+ZC+TC+TXC+JXC+KC+JC+ZSC+DC+JYC+GLC

其中，CZ 表示培养学生的某专业成本；RC 表示人工费用；SC 表示校外实习费用；XC 表示奖助学金；BC 表示医疗费；HC 表示系学生活动经费；YGC 表示院（系）日常管理费用；SDC 表示水电费；QC 表示取暖费；WC 表示维修（护）费；GC 表示固定资产折旧；ZC 表示某专业建设费；TC 表示图书资料购置费；TXC 表示团委学生活动经费；JXC 表示军训费；KC 表示专业科研费用；JC 表示教材采购费用；ZSC 表示招生费；DC 表示低值易耗品摊销；JYC 表示就业指导费；GLC 表示辅助行政管理部门的人工费用和日常管理费用。

院（系）培养学生成本为院（系）所含各个专业成本之和

（四）其他费用

其他费用包括与培养学生专业成本相关性不大的费用，如公务用车购置和运行维护费、会议费、公务接待费、物业费、其他后勤费用、保安费、诉讼费、委托业务费及相关税费等。费用的控制按照谁受益谁负责的原则，以相关部门为归口管理，实行成本责任制管理。

第五章 专业全成本核算案例分析

第一节 W高校背景介绍

W高校是一所公办全日制、地方应用型本科院校。2014年5月27日，教育部正式批准新建。该校作为一所应用型本科院校挂名成立。明确使命和定位，适应新时代环境下社会对人才的需求，W高校不断创新、完善自我，踏上了向应用型人才培养转型之路。校园占地面积73.69万 m^2，校舍建筑面积25.74万 m^2，教学仪器设备总值达8451.24万元，图书馆馆藏纸质图书73.81万册，配备完善的现代电子图书系统和计算机网络服务体系。学校建有完善的现代电子图书系统和计算机网络服务体系。

学院下设43个教学系部。现有全日制在校生11967人。教职工620人，专任教师498人，硕士及以上教师占专任教师的85%以上，高级职称教师占专任教师的45%以上，为学院整体水平的进一步提升奠定了基础。同时，学校实施"双百工程"，大力培养"双师双能型"教师98人，初步建成一支结构合理、专兼结合的教师队伍。

学院有8个专业被评为省级优势或特色专业；建有79个校内实验实训室，其中9个省高等学校实验教学示范中心，9个省虚拟仿真实验教学中心，煤炭深加工与利用实验室，GE智能平台实验室，工程力学分析实验室，量子调控产业应用研究中心实验室（被批准为市重点实验室）；有80个综合性、专业性较强的校外教学实习基地；建立绿色材料实验室、与中科曙光、中软国际等大型企业签订协议，共建专业实验室，共同培养人才。

W高校前身成立于1984年，经过多年的发展，W高校坚持"联系区域经济更紧密，体现区域特色更鲜明，服务区域经济更直接"的办学特色，为省以及地区经济和社会发展提供了强有力的人才、技术和智力支持。该校以实践为主线，把理论课教学、通识性知识教学纳入应用型、技能型人才培养的实践需求中，符合国家对应用型本院校培养人才的要求。选取该校的财务数据具有典型的代表性。

第二节 W高校专业全成本核算

以 W 高校的实际财务数据为依托，选取 W 高校的采矿工程专业、会计学和计算机科学与技术三个专业，探寻专业培养学生成本的构成、占比等特性。选取这三个专业的原因在于，W 高校经过多年的发展，三个专业已经发展成为该校的特色专业，师资配备、课程设置、管理等方面有着较丰富的经验。本书采集了 2010 级、2011 级、2012 级三级学生的费用数据（中途退学、转专业的学生人数忽略不计）。

需要特别说明：

1. 出于财务数据的保密性的需要，在保证财务数据原有结构的基础上做了适当调整，但这不影响后期的成本核算及从中反映的真实问题。

2. 在核算 W 高校的成本过程中，考务费和毕业设计费已经包含在人工费用中，没有列出核算数据。

核算以上三个专业的成本程序如下：

1. 确定归集到各专业的直接成本和间接成本的构成要素；

2. 核算直接成本，确定间接成本分配率，核算间接成本；

3. 汇总确定专业培养学生成本。

根据第四章所提出的"专业全成本要素核算"模型，计算出三个专业的成本如下。

一、采矿工程专业

采矿工程专业始建于 20 世纪 80 年代，是该校特色专业，用于该专业的教学设施完备，教学手段先进，实验条件良好、功能齐全。2010 年的培养学生人数为 95 人、2011 年为 90 人、2012 年为 88 人。成本核算数据如表所示 5-1 所示。

表 5-1 采矿工程专业 2010～2012 级成本一览表　　　　单位：元

项目	采矿工程专业							
	总计		2012 级		2011 级		2010 级	
	金额	人数	金额	人数	金额	人数	金额	人数
合计	2934082.48	273	892174.5	88	796163	90	1308405	95
1. 教材采购费用	15956.67	273	5340	88	5486.67	90	5130	95

43

续表

项目	采矿工程专业							
	总计		2012级		2011级		2010级	
	金额	人数	金额	人数	金额	人数	金额	人数
2. 校外实习费用	20525.45	273	5280	88	5400	90	9845.45	95
3. 校级奖助学金	174466.36	273	44880	88	45900	90	83686.4	95
4. 医疗费	2736.73	273	704	88	720	90	1312.73	95
5. 学生活动经费	62660.62	273	20797.92	88	16484.4	90	25378.3	95
系学生活动经费	13683.64	273	3520	88	3600	90	6563.64	95
团委学生活动费	48976.98	273	17277.92	88	12884.4	90	18814.7	95
6. 专业建设费	59651.39	273	16478	88	16666.7	90	26506.7	95
7. 图书资料购置费	10401.82	273	3520	88	3600	90	3281.82	95
8. 水费	38511.13	273	10436.8	88	10480.5	90	17593.8	95
9. 电费	73170.84	273	16656.64	88	19620	90	36894.2	95
10. 取暖费	63440.48	273	15410.56	88	16473.6	90	31556.3	95
11. 维修费	13518.17	273	3592.512	88	3586.5	90	6339.16	95
12. 军训费	7746.03	273	1590.16	88	3072.6	90	3083.27	95
13. 招生费	9760.09	273	1245.2	88	3085.13	90	5429.77	95
14. 日常管理费用	254168.62	273	62920	88	65832.3	90	125416	95
专业日常管理费用	157822.49	273	43458.8	88	43551.9	90	70811.8	95
行政日常管理费用	96346.13	273	19461.2	88	22280.4	90	54604.5	95
15. 人工费用	1302838.27	273	453146.9	88	347345	90	502346	95
直接人工费用	1141789.93	273	417181.2	88	303040	90	421568	95
间接人工费用	161048.35	273	35965.75	88	44304.8	90	80777.9	95
16. 折旧	768372.08	185	194448.7	88	201102	90	372821	95
固定资产折旧	76926.68	273	25323.23	88	21658.5	90	29945	95
房屋建筑物折旧	691445.40	273	169125.4	88	179444	90	342876	95
17. 低值易耗品摊销	10262.73	273	2640	88	2700	90	4922.73	95
18. 科研费用	45894.98	273	12289.2	88	12123	90	21482.8	95

根据表5-1所核算出的采矿工程专业2010~2012级三个年级的成本数据，根据三个年级核算的总金额进行，可以得出如图5-1所示的主要成本构成图（由于空间有限，只列出部分数据）。

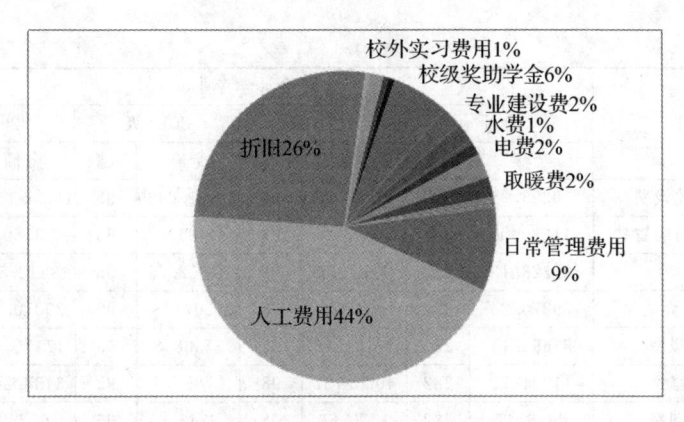

图 5-1 采矿工程专业主要成本构成示意图

从图 5-1 可知，专业成本构成的关键要素为人工费用、固定资产折旧费用、日常管理费用占比分别为 44%、26% 和 9%，相比之下，专业建设费占比 2%，不及校级奖助学金的 6%。专业建设费是高校根据专业建设需求和长远发展规划，在教学经验交流课程建设、教师学习培训等方面的资金投入，是专业长足发展的内生力。

二、会计学专业

作为国际商业通用语言的会计在全球经济发展中发挥着重要作用，经济越发达，会计越重要。W 高校的会计学专业从成立至今经历了 20 多个春秋，先后为国家培养了千名优秀会计人才，学科建设已经取得了长足的进步。2010 年到 2012 年，该专业培养学生分别为：98 人、95 人和 98 人，总计 282 人。成本核算数据如表 5-1 所示。

表 5-2 会计学专业 2010～2012 级成本一览表　　　单位：元

项目	合计 金额	合计 人数	2012级 金额	2012级 人数	2011级 金额	2011级 人数	2010级 金额	2010级 人数
总额	1979675.76	282	567212.24	98	566804.81	95	845658.71	98
1. 教材采购费用	17338.27	282	6370	98	6201.206897	95	4767.0625	89
2. 校外实习费用	16920.00	282	5880	98	5700	95	5340	89
3. 校级奖助学金	143820.00	282	49980	98	48450	95	45390	89
4. 医疗费	2256.00	282	784	98	760	95	712	89
5. 学生活动经费	54326.26	282	23161.32	98	17400.2	95	13764.74	89
系学生活动经费	11280.00	282	3920	98	3800	95	3560	89
团委学生活动费	43046.26	282	19241.32	98	13600.2	95	10204.74	89

续表

项目	会计学专业							
	合计		2012级		2011级		2010级	
	金额	人数	金额	人数	金额	人数	金额	人数
6. 专业建设费	30393.95	282	5136.778523	98	13801.2069	95	11455.96875	89
7. 图书资料购置费	11280.00	282	3920	98	3800	95	3560	89
8. 水费	32228.13	282	11622.8	98	11062.75	95	9542.58	89
9. 电费	59270.20	282	18549.44	98	20710	95	20010.76	89
10. 取暖费	51666.15	282	17161.76	98	17388.8	95	17115.59	89
11. 维修费	11224.75	282	4000.752	98	3785.75	95	3438.248	89
12. 军训费	6686.47	282	1770.86	98	3243.3	95	1672.31	89
13. 招生费	9156.76	282	1386.7	98	4825.05	95	2945.01	89
14. 日常管理费用	157270.96	282	51055.06	98	49260.35	95	56955.55	89
专业日常管理费用	82463.53	282	29382.36	98	25742.15	95	27339.02	89
行政日常管理费用	74807.43	282	21672.7	98	23518.2	95	29616.53	89
15. 人工费用	675338.56	282	127737.1134	98	125754.7922	95	421846.65	89
直接人工费用	417835.54	282	7578.823423	98	32222.54224	95	378034.175	89
间接人工费用	257503.02	282	120158.29	98	93532.25	95	43812.475	89
16. 折旧	656725.22	282	223049.96	98	219964.9	95	213710.36	89
固定资产折旧	92998.13	282	34705.72	98	30552	95	27740.41	89
房屋建筑物折旧	563727.09	282	188344.24	98	189412.9	95	185969.95	89
17. 低值易耗品摊销	5640.00	282	1960	98	1900	95	1780	89
18. 科研费用	38134.08	282	13685.7	98	12796.5	95	11651.88	89

根据表5-2所属的2010~2012级会计学专业的成本数据，可得图5-2所示的成本构成图（由于空间有限，只列出部分数据）。

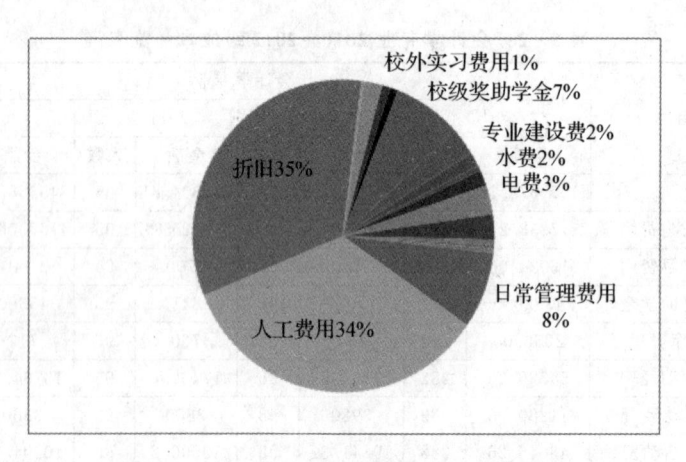

图5-2 会计学专业主要成本构成示意图

从图 5-2 可知，会计学专业占比较重的成本有：人工费用、固定资产折旧费、日常管理费用占比分别为 34%、33% 和 8%，专业建设费只有 2%。

3. 计算机科学与技术专业

计算机科学与技术专业旨在培养具有良好的科学素养和创新能力，系统掌握计算机科学理论与技术的专门人才，毕业生能在计算机行业及相关领域从事教学、科研、运行管理、技术开发等工作。近些年，由于互联网的广泛应用及普及，计算机领域的研究及相应的人才需求大量增加。成本核算数据如表 5-3 所示。

表 5-3 计算机科学与技术专业 2010~2012 级成本一览表　　单位：元

项目	合计 金额	合计 人数	2012级 金额	2012级 人数	2011级 金额	2011级 人数	2010级 金额	2010级 人数
总额	2352487.31	264	1430553.61	99	1096641.62	85	506553.36	80
1. 教材采购费用	15213.58	264	5742	99	4831.578947	85	4640	80
2. 校外实习费用	15840.00	264	5940	99	5100	85	4800	80
3. 校级奖助学金	134640.00	264	50490	99	43350	85	40800	80
4. 医疗费	2112.00	264	792	99	680	85	640	80
5. 学生活动经费	51339.06	264	23397.66	99	15568.6	85	12372.8	80
系学生活动经费	10560.00	264	3960	99	3400	85	3200	80
团委学生活动费	40779.06	264	19437.66	99	12168.6	85	9172.8	80
6. 专业建设费	47576.24	264	29415.375	99	10800.86207	85	7360	80
7. 图书资料购置费	10560.00	264	3960	99	3400	85	3200	80
8. 水费	30217.25	264	11741.4	99	9898.25	85	8577.6	80
9. 电费	55255.92	264	18738.72	99	18530	85	17987.2	80
10. 取暖费	48280.08	264	17336.88	99	15558.4	85	15384.8	80
11. 维修费	10519.39	264	4041.576	99	3387.25	85	3090.56	80
12. 军训费	6194.03	264	1788.93	99	2901.9	85	1503.2	80
13. 招生费	6860.70	264	1400.85	99	2812.65	85	2647.2	80
14. 日常管理费用	304246.79	264	67192.29	99	124972.1	85	112082.4	80
专业日常管理费用	234688.74	264	45298.44	99	103929.5	85	85460.8	80
行政日常管理费用	69558.05	264	21893.85	99	21042.6	85	26621.6	80
15. 人工费用	981481.90	264	721539.2225	99	181520.675	85	78422	80

续表

项目	计算机科学与技术专业						
	合计		2012级		2011级		2010级
	金额	人数	金额	人数	金额	人数	金额	人数
直接人工费用	139564.33	264	660847.025	99	139677.3	85	39040	80
间接人工费用	141917.57	264	60692.1975	99	41843.375	85	39382	80
16. 折旧	594553.93	264	221257.08	99	191284.85	85	182012	80
固定资产折旧	67649.11	264	30990.96	99	21810.15	85	14848	80
房屋建筑物折旧	526904.82	264	190266.12	99	169474.7	85	167164	80
17. 低值易耗品摊销	1848.00	264	693	99	595	85	560	80
18. 科研费用	35748.45	264	13825.35	99	11449.5	85	10473.6	80

根据表5-3所示的计算机科学与技术2010～2012级的成本数据，可得如5-3所示的成本构成图（由于空间有限，只列部分数据）。

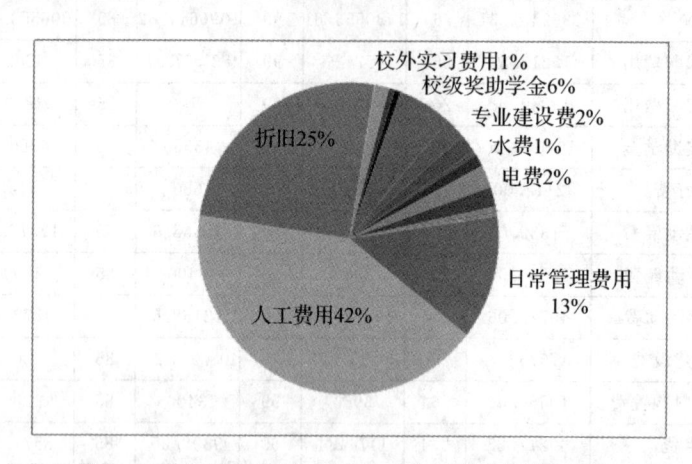

图5-3 计算机科学与技术专业主要成本构成示意图

由图5-3可知，占比较重的成本要素为人工费用、固定资产管折旧费以及日常管理费用占比分别为：42%、25%和13%，专业建设费用为2%。

综合以上三个专业、三个年级的历史数据可以得出，在专业成本中人工费用、固定资产折旧和日常管理费用占据了较大的比例，但是专业建设费占比2%，校外实习费用占比1%，相较于前三者却低很多。在后面的"关键成本要素的管理与控制"章节中将对人工费用和固定资产折旧费提出具体的管理控制措施；针对日常管理费用，可通过院（系）、部门实行成本责任制予以控制。

另外，在调查的数十所应用型高校中，发现低值易耗品的管理存在科目设置不清、管理措施尚需改进、水电浪费现象严重等问题。采购包括固定资产的采购、低值易耗品的采购、教材的采购、图书资料的采购等，采购质量的好坏、数量的多少等关系到了教学质量、学生学习效果、高校工作人员的工作效率等，亦是需要说明控制的关键要素。这些问题会在《关键成本要素的管理与控制》这一章列明具体的管理控制措施。其他成本费用将在第十二章中具体列明控制措施。

第三篇
全成本的计划管理

第六章 绩效预算管理

绩效预算管理是实现经营管控最科学最有效的方法，也是实现高效管理目标的有效手段。财政部 2012 年 11 月 29 日发布的《行政事业单位内部控制规范（试行）》，对预算管理在行政事业单位内部控制过程中的应用做出详细规定，提出"单位应当建立健全预算编制、审批、执行、决算与评价等预算内部管理制度"，同时也对预算绩效管理工作提出了明确规定，加强预算资金的使用效率和效果，强化预算的产出成果。预算绩效管理融合了预算管理的要素，将高校从"投入控制型"的部门预算转向"结果导向型"的绩效预算，在成本效益分析的基础上进行预算资源配置，提高高校的公共服务效率。

第一节 预算向绩效预算管理的转变

预算管理向绩效预算管理的改革是我国近几年来的热门话题。这次改革是从投入预算向产出预算的革命性变革，是以支出为核心的控制转向对计量和评估绩效为核心的转变。

投入预算模式下，支出控制者更注重对支出总量、支出结构和支出机构有关支出使用方面的具体决策，如每一笔预算资金用于什么项目，每个项目的支出等。在该种模式下，部门支出、支出项目的预算金额都是根据定额标准制定的。投入预算的优点是便于支出控制者进行总额控制，确保支出不会超过预先设定的支出限额，利于监督和管理，编制方法相对简单易行。但是缺点也很明显，无法了解支出的去向以及资金使用的合理性和科学性，产出的效果和成果无法衡量，预算控制过于集中，缺乏必要的灵活性和自主性。

绩效预算将绩效引入到预算管理中，通过对资源的优化配置，实现对支出机构的运作进行恰到好处地控制，将工作的着重点从"对机构的预算资源配置"转移到"对业务活动的预算资源配置"上。

第二节 我国绩效预算的发展历程

绩效管理的概念源于 20 世纪的西方，最早实施于美国。相关学者为绩效管理给出的定义："绩效管理是管理者与员工通过持续开放的沟通，就组织目标和目标实现方式达成共识的过程，也是促进员工做出有利于组织的行为、达成组织目标、取得卓越绩效的管理实践"。该理念最主要的特征为以计划目标为导向，以业绩产出为核心，以财政部门和预算单位为主体，从而提高行政事业单位的资金使用效率。

我国绩效预算管理借鉴了西方国家绩效预算改革的成功经验，结合自身实际摸索着前进，至今已有十余年。2003 年，《建立绩效预算评价体系》和《财政支出绩效评价管理暂行办法》相继出台，标志着绩效预算管理工作尤其以绩效评价为主要内容在全国范围内开展。2011 年，《关于推进绩效预算管理的指导意见》的出台标志着该理念的正式诞生。2012 年财政部出台了《绩效预算管理工作规划（2012—2015 年）》，明确了今后几年绩效预算的发展规划。2014 年出台了《预算法》，绩效预算管理第一次通过法律的形式给予明确，这为中国预算体制的转型奠定了基础。2018 年，中央发表《关于全面实施预算绩效管理的意见》（中发〔2018〕34 号），从国家层面全面实施预算绩效管理，这在预算绩效管理发展史上具有重要意义。文件提出：力争用 3~5 年时间基本建成全方位、全过程、全覆盖的预算绩效管理体系。然而，文件的发布只是绩效预算管理万里长征的第一步，还存在很多困难和挑战，需要在理论上不断加深认识，在实践中不断总结。

第三节 绩效预算管理的必要

绩效预算管理改变了传统的预算管理的很多缺点，更加注重多维度指标的设定、综合管理能力的提升。

一、预算目标的设定上兼顾财务和非财务指标

传统的预算目标侧重于财务预算，以会计指标作为预算目标。这种模式客观上实施了通过财务预算作为高校管理的模式。但是这种管理模式存在很多缺陷，特别是随着市场对高校人才的不同需求，客观上要求高校必须实行有效的管理模式，重视公共服务的效能，重视输出效能的提高，重视财务指

标和非财务指标的设定。

二、绩效考评上由传统的财务预算差异向综合管理能力考评

传统的绩效考评重视财务预算管理的执行导向，即只关注财务预算的执行结果和预算指标的差异，忽视了业绩目标的实现、管理效率的提高、公共服务的输出效果等综合管理能力的考评。以绩效考评为导向的考评方法，改变传统的以财务预算差异来考评法的方法，结合未来发展趋势，以院（系）、部门的财务预算指标、业务指标和管理效能等财务和非财务指标相结合，弥补之前考评的不足之处。

三、预算规划上重视战略预算的发展

预算管理的目的就是确保实现高校的战略目标。高校的发展是在未来规划的前提下，保证自身的生存。高校只有在未来宏观发展规划的范围内，通过预算实现局部和层次控制。预算管理控制应涵盖高校各个业务活动和管理活动，即从全局角度考虑整体运营，又在预测、决策、执行、监督和反馈等各个环节缜密布置，将高校的持续发展能力纳入绩效考评的范围，如成本控制、市场就业反馈效果等，同时进行现场督察和对预算的执行情况进行检查，修补预算的不足，促使高校的管理更加合理有效。

第四节 绩效预算管理与全成本控制

绩效预算管理的本质在于提升预算支出管理水平，从而提高行政事业单位的公共服务质量。绩效预算管理中的"绩"意为预算资金在一段时期内所要达到的产出，"效"即为效果。

绩效预算管理是全成本控制的有效手段，通过将目标成本指标纳入各分级单位的预算管理，形成成本控制与预算支出相结合，将高校发生的所有成本费用支出纳入预算管理，形成全过程、全方位的管理。

一、全成本控制目标

全成本控制的目标主要包括：①通过设立成本控制目标和机制，以预算为手段，以考评为动力，降低成本，规范管理，提高高校培养人才质量，增强服务效能。②将成本核算及成本管理纳入日常管理范畴，引导高校自身重视教育经费开支的合理性、资金利用的效益性、资源利用的有效性。③重视

隐性成本的控制，查找造成无形的人力成本、管理成本、时间成本浪费的动因，并加以改进，加强内部控制建设，提高管理能力。

二、预算指标与考评指标

根据校预算编制情况，部分可控成本在预算指标内确定的指标作为院（系）、部门的管控指标，各院（系）、部门应严格按照预算指标控制，原则上按照时间进度控制，不得超限额使用。使用时按照规定、要求使用预算，超额部分不予报销；但确需使用，应由使用院（系）、部门提出书面申请、经预决算委员会小组审批下发书面文件后方可执行。

校各项成本费用指标与年度考评挂钩，与绩效工资挂钩。考评按照预算指标与实际发生额比较进行考评。考评指标分预算指标、分管领导机动调整指标和校核增、核减指标。

预算指标：各院（系）、部门原则上按照年初核定总成本形成月均成本作为预算指标。

分管领导机动调整指标：因特殊原因院（系）、部门向分管领导限额内申请使用的分管机动经费（预备费）。

校核增指标：经校（院）长批示同意使用的校控制成本指标。

校核减指标：为了加强管理，对于使用回收材料和现场管理发现的丢失浪费可直接核减结算成本指标。

第五节 高校绩效预算管理的基本思路

良好的绩效预算管理能够充分发挥预算管理的调节作用，提高预算管理的整体水平，达到资金、人力和物力等的优化配置，实现经济效益和社会效益的双丰收。完善的绩效预算管理体系最主要的权数是绩效目标、绩效标准、绩效结果反馈和效果的应用。

一、绩效预算与目标管理

战略规划是高校管理控制的起点，绩效目标（校内绩效目标）是绩效预算的起点，绩效目标以战略规划为基础，因此，战略规划与预算目标是预算编制、执行及评价的依据。高校的战略规划依据高校所面临的市场条件、现有资源、政策法规等而制定的中长期发展规划。高校在不同时期制定的战略规划不同，因此，战略规划是动态的而非静止不变的。高校预算目标明确了高校的发展方向，同时也规范着高校内部各项资源的配置，为各个层级的责任目标奠定基础，对责任单位和负责人起到约束和激励作用。界定并研究战略—预算目标—责任目标的控制是制定绩效预算的首要问题。

二、绩效预算的编制

预算编制（校内预算）是将高校预算的总目标的具体落实及将其分解为责任目标的过程，是将预算目标落实为具体执行标准的过程。这里的预算编制主要是指校内预算的编制。预算编制是绩效预算管理的一个重要环节，可以说预算编制质量的高低影响着绩效预算的执行、评价。预算的编制是目标责任执行者参与、协调的过程，也是目标责任执行者根据实际发生业务，对预算编制发表意见的过程，进而可以避免后期在预算执行过程中发生责任目标执行不到位、经费的开支与预算项目经费背道而驰的状况发生。对于责任标准及指标标准的设定，除了根据高校的内部各部门的职责、功能外，还应考虑外部市场竞争的客观要求。

目前很多高校在预算编制方面存在项目编制笼统、非细化到具体科目的现象，很多项目预算分级只列了一级科目，没有明细到二级科目，有的虽然设立了二级科目，但没有细化到支出功能分类的项级科目，没有立项依据、支出内容和绩效目标，不具有可操作性。这给预算执行环节留下了很多隐患。因此，高校在预算编制之初应以绩效评价为中心、将指标具体细化，并在科目上细化到二级甚至是三级科目，避免预算编制与实际执行脱轨，在执行中随意调整，出现"拆东墙补西墙现象"的现象。

三、绩效预算的执行

绩效预算的执行是成本控制的关键，在整个绩效管理系统中处于核心地位。预算执行与预算协调、预算调整、预算监控形成有机统一的整体，共同保证预算的有效执行。在预算执行环节中必不可少的是对预算的现场执行考评、分析及报告。预算的执行是一个动态的过程，主要通过对作业环节的经常监督、核算及现场检查，发现偏差并及时改进，消除由实际行动带来的与原定标准出现偏差的风险和影响，最终实现总目标。全成本控制体现在绩效预算上，不仅体现在财务信息的采集上，还要采集大量的高校管理信息，力求对作业的各层次进行控制，从成本效益角度谋求高效益、高效率。预算的执行依赖于完善、健全的内部控制制度、财务管理制度等各项规章制度，这样才能避免资源浪费，有效地配置资源。

四、绩效预算的评价

绩效评价是对高校各责任单位产出成果的考核和评价,不仅对预算的执行情况进行考评,也对管理效率是否提高、隐性成本是否得到控制起到引导和控制作用,是引导高校重视财务成本控制指标、业务指标和管理水平的导航员。其引导和控制作用是整个全成本控制体系中的关键环节。

1. 对照目标(业务目标和预算目标),通过责任评价能够掌握目标执行情况、取得的成绩、存在的不足之处,并查找原因,从而进一步解决存在管理系统中各部门的内在难题。

2. 通过考评了解预算的执行情况,确定各责任单位和责任人以及依据的各项规章制度、立项依据等的实行情况,了解不同责任单位和责任人对预算的贡献区别,为进一步优化流程,完善规章制度,提高管理效率,控制隐性成本甚至对相关单位和责任人的奖惩提供依据。

3. 为下一年的有效绩效预算奠定基础。

第六节 高校实行绩效预算管理应克服的问题

高校在实行预算管理的同时,大多存在一些共性的问题,如高校领导及教职工没有意识到预算在管理中的重要作用;预算的覆盖面没有涵盖高校的各个业务活动;很多高校没有实行全面预算;预算科目没有细化,在执行中随意调整,出现"拆东墙补西墙现象"的现象。对此,建议采取以下几个方面的解决措施。

一、强化预算的预测控制功能

预测是基于对未来战略发展方向把握的前提,对战略目标进行缜密分析、细致分解,事先制定有效的执行标准、考评参考依据,对风险的发生给予事先遏制,是有效防范的一种控制手段。克服只有财务工作人员参与预算的编制、执行、控制和考评的思想,将高校的战略规划、各院(系)、部门的业务活动等纳入预算编制中,强化预算前期的控制功能。

二、预算应涵盖所有业务范畴

目前高校的预算具体落实到院(系)、部门业务预算包括差旅费、办公费、邮寄费、专业建设费等,资金的分解实行定额定员分解,但对于边缘的业务编制缺失，使得实际执行时找不到相应科目，导致预算无法真正实现"全员管理、全过程管理、全方位管理"。为此，在预算编制时应强化"全员参与"，将各个部门的业务活动纳入预算指标编制中，细化二级甚至三级科目。

三、预算编制方法应具有灵活性

由于高校的预算特别是公有制的高校的预算编制实行"二上二下"，一般要求实行的编制方法只有零基预算和滚动预算。编制方法单一，使得预算编制缺乏科学性和实用性，造成预算和实际执行很难一致的现象。为此，应根据具体编制的项目需要，因地因时制宜，灵活采用零基预算、弹性预算、滚动预算等编制方法。

四、改变预算管理"重分配、轻管理"的意识，强化组织管理到位

长期以来，很多人包括单位领导在内，觉得预算只是财务部门的事情，不需要参与其中，在预算编制上疲于应付，敷衍了事，存在"重分配、轻管理"的现象。实际上，预算涉及预算编制、预算执行、预算调整、决算及考评等方面，是一个庞大而复杂的系统工程，需要各部门负责人及员工的共同参与才能完成。预算编制的前提没有确凿的论证，执行人员往往按照自己的理解执行。同时预算编制、执行、评价等环节缺乏有效监督。院（系）和职能部门应真正参与到预算编制中，管理过程中建立预算审核和监督机制，强化组织管理的有效性，发挥预算管理的真正作用。

五、完善绩效管理评价体系

预算管理工作中，绩效考评是最后也是关键的一环。绩效预算需要完善的评价体系作为前提，高校在实际执行环节中没有将部门职责和事业发展纳入绩效考评中，有些高校财务管理制度不完善，责、权、利不明确，同时考评制度还限于财务指标的完成，甚至考评形同虚设。真正的绩效评价体系应考虑内部各院（系）、部门的实际运行情况和教职工的工作情况，从财务指标、责任目标和管理效能等角度，细化量化考评内容，既能使高校的各项工作良好有效运行，又能提高公共服务水平，产生良好的社会效益。

六、完善的信息化管理手段，强化预算控制和分析机制

实践证明，信息化技术是实现预算管理的有效手段。但是很多高校只重

视预算管理的编制、执行，对于预算的监督、分析和考评等环节没有与信息系统结合起来，大量信息和数据的真实性和完整性没有被及时发现和使用，从而使预算管理的作用没有真正发挥出来。

绩效预算管理是一项庞大而繁杂的系统工程，高校必须从自身实际出发，逐步建立完善的预算控制标准，完善内部控制机制，提高管理水平，力求建立一套可行的、全面的、科学的、先进的、可控的、可考评的和可持续反映现代高校管理制度的绿色绩效预算管理体系。

七、强化内部审计，引进外部审计，形成有效评审机制

目前，高校的审计监督人员的素质和专业性不强，且实行事后审计，即出现了问题再去找原因，提出解决方案，没有在事前预防风险，事中及时发现问题并予以纠正，不能有效防范风险。事实上，国家出台了一系列法律法规，如《审计法》《教育系统内部审计工作规定》等，要求审计人员参与预算管理，但是审计人员实际参与的执行力不强。为此，应改变现在的固有模式，在事前、事中和事后引进审计监督。例如，在预算编制"二上"工作中，审计人员应参与其中，并给予建议和评价，签字确认，达到事前掌握的目的；在预算执行和预算调整环节中，任何调整变化须有包括审计人员在内的专家组或领导集体讨论同意后落实，达到事中监督的目的；预算绩效考核环节中，应由审计人员签字确认考核的真实性及时效性，审计人员对其签字负责。

目前，我国高校的考评工作大多是上级主管部门对其资金运行进行组织检查，而且是事后检查，单位自身主动检查缺失，事前的预防风险和事中的发现问题的检查环节没有真正建立起来，所以对风险的防范和控制工作不能真正有效确立。高校的外部审计一般是由上级主管部门的专门审计机构进行审计，但审计的时间和评审范围不确定。高校应聘请外部审计人员、机构或专家定期审计，摒弃以往事后审计的惯例，形成全过程审计机制，切实提高审计的能力和质量。

第七章 目标管理

目标管理分为业务目标和目标成本管理。目标管理依据高校的战略目标制定。战略目标应在对高校自身校情分析的基础上制定，具体应包括：自身办学条件、办学水平、办学规模、软硬件情况、学科优势、师资力量、人才培养、就业及历史情况等。一般高校战略规划应从未来3~5年着手。

第一节　业务目标的编制

各分级单位依据战略目标及职能定位编制各自的年度业务目标。目标内容应包括各部门的战略部署、业务活动等，其中院（系）即教学单位应将教学质量作为业务目标的内容之一，并将教学质量计入年度考评项目；其他非教学单位（主要指教辅部门、行政部门及党群部门）应根据部门职能设定业务目标，并计入年度考评项目，如保卫处具有负责安全的工作职责，应将刑事案件发生率、治安案件发案率、违章违纪率、安全隐患排查次数、网络安全等作为业务目标。这些构成关键绩效评价指标和管理绩效评价指标。

业务目标具有引导作用，是全校开展工作的重中之重，应予以重视。

第二节　目标成本的编制

目标成本是基于专业、部门历史成本，结合高校中长期发展规划，对可控成本进行预先规划控制，经过努力所要实现的成本指标。目标成本按培养学生的进度不同而处于动态调整之中，并做好对成本的预测，确定成本目标，应做好培养学生作业过程中各阶段的成本预算管理，并在目标成本确定好后做好调整工作。钟向东的《成本费用内部控制风险评估》，可从三个方面实施控制：一是设计试制阶段的成本费用控制，二是产品生产阶段的成本费用控制，三是期间费用及其他费用的控制[3]。据此，得出成本费用控制阶段的控制层次目标是：1. 做好设计阶段的成本目标管理；2. 做好培养学生性的成本费用控制；3. 做好期间费用的控制。

一、编制原则

1. 标杆原则。在目标成本确定前，应结合各专业、部门的历史成本，找准成本的标杆切入点，对可能降低的成本空间做出准确判断和取舍。

2. 满足市场需求。必须将市场需求、专业定位及学校的中长期规划相结合，确定成本控制方向。

二、目标成本编制程序

1. 确定合理的预期税前目标总成本；

2. 目标总成本减去预备费形成校目标成本，倒逼关键成本要素和间接成本指标的设定（预备费由校（院）长、分管校（院）长、副书记限额使用）。

3. 分级管理单位的总目标成本：

① 培养学生性总目标成本≤校总目标成本×权重（见备注1），优化培养学生性成本要素中各项可控成本，直到满足此标准。

② 期间费用≤校总目标成本×（100%－权重），优化各项期间费用中各项可控费用，直到满足此标准。

③ 形成各分级管理单位目标成本（见备注②③）。

备注：

① 权重的设定。总目标成本包括院（系）的培养学生性目标成本和部门承担期间费用两种，在坚持保证培养高素质的应用型人才、服务社会的前提下，降低成本，着力压缩期间费用，因此，培养学生性成本的权重＞期间费用权重。

② 院（系）的成本消耗不同，因此目标成本不同，建议以各院（系）的专业特点和学生人数为着眼点，设定指标。

③ 部门的成本费用消耗不同，设定的指标不同，建议根据部门职能和岗位人数为着眼点，设定指标。

④ 兼有教学和行政职能单位的目标成本设定。在分解指标时应着重压缩其非教学性方面的费用，保证培养人才质量和服务效能。

三、目标成本的分解

目标成本自上而下分解并下达至各部门。高校的年目标成本分解成季度目标成本、月度目标成。目标成本分解也是责任分解的过程，是将校级目标成本分解至员工的过程。

四、目标成本确定

1. 由成本管理中心组织各院（系）、部门提供相应的技术支持、成本费用支出计划及意见并签署承诺书；

2. 形成的目标成本后呈送校（院）长审批；

3. 成本管理中心将签发的目标成本下发至各院（系）、部门。

第三节 目标管理组织结构划分及职责

目标成本管理由校（院）长及分管副校（院）长、副书记，成本管理中心，分管各院（系）、部门组成。主要职责：

1. 校（院）长负责在分管副校（院）长、副书记的协助下审批校目标成本；修订目标成本。

2. 成本管理中心负责：

① 关键成本要素及其他成本费用的编制；

② 组成目标成本的总结汇报工作；

③ 审核目标成本；

④ 定期发布动态成本信息报告，分析成本费用的执行情况，并提出成本控制的指导性意见；

⑤ 建立健全目标成本及费用的管理体系，制定、修改、解释目标成本费用相关的制度。

3. 各院（系）、部门：

① 根据目标成本的各项经济指标开展各项业务活动；

② 遵照目标成本管理的各项制度开展业务活动；

③ 配合并接受成本管理中心的指导及监督；

④ 在授权范围内履行相应的成本费用监控职责，并对其成本费用承担责任。

第四节 目标成本的管理

一、估算管理

目标成本估算管理是指在目标成本的决策前，高校对拟要控制的成本费用通过编制估算文件，对成本费用进行估算和确定的过程，是目标成本可行性的重要组成部分，是成本费用决策、控制的主要依据。

（一）成本估算管理的相关部门职责

1. 成本管理中心

① 提供校（院）收入、成本费用支出的各项指标及各项支出标准。

② 负责牵头组织各院（系）、部门召开成本估算会议。编制本年度成本估算报表供校领导及相关人员参考。估算报表应进行要点分析，内容包括校（院）、系、部门历年成本费用消耗，并进行相关科目的指标控制分析，同类、同档次的高校的消耗标准及分析等信息。

③ 负责根据并配合各院（系）、部门安排人员编制各类成本费用时相关需求的解决。

④ 填写成本估算说明，内容应包括成本明细、成本估算依据、估算的基准（应实现的绩效标准）、其他说明（如估算时没有考虑的成本费用科目）。

2. 各院（系）、部门

① 结合校（院）的发展定位，规划指标、要点分析、历年成本费用的消耗情况，确定各个成本费用的指标取值。

② 指定成本估算人，按成本管理中心的要求填写相关科目指标。

③ 填写的成本估算表经本单位主管确认后，由分管副校（院）长（副书记）确认后提交成本管理中心。

（二）成本目标的立项

① 成本目标的报表经校（院）长审批后正式立项，成本估算表中的有关数据应为成本费用的预控目标。

② 成本管理中心建立成本信息台账，及时输入预控目标。

③ 资料存档。成本估算表经审批后，由成本管理中心下发各院（系）、部门执行，同时提交校档案室存档保管。

二、目标成本的调整管理

院校或部门目标成本调整是指成本报警以外的任何原因引起的成本细项的目标成本的增加和减少。当成本增加或减少时，应遵循以下工作程序：

1. 经办单位填写目标成本调整审批表，经分管副校（院）长或副书记签字确认后送交成本管理中心。

2. 成本管理中心同意后，送交校（院）长办公会讨论决定。后由经办单位负责人填写目标成本调整审批表。（表7-1）

表 7-1　目标成本调整审批表

项目名称	
项目原总价	
项目调整后总价	
附件（调整原因）	
目标调整审核	
分管领导	
成本管理中心	
校（院）长审批	

高校的战略目标、目标成本和绩效三者之间形成了密不可分的有机统一体，形成了真正的闭环。在执行过程中，预算是目标成本实现的载体及手段。目标成本体现了高校战略目标，是细化和量化的有机结合，是绩效管理的组成部分。通过提高战略的计划运作效果，建立相应的绩效预算管理机制，高校的各项业务活动能更好地体现战略目标，提高了其在市场竞争中的地位。

第八章 预算编制管理

绩效预算业务包含预算编制、预算执行、预算调整和决算及绩效管理等。其中，预算编制在整个预算体系中处于首要地位。预算编制分为校内预算编制管理和部门预算编制管理，校内预算编制分为收入预算管理和支出预算管理，部门预算编制分为收入预算编制管理和支出预算编制管理。内部控制是建立在流程控制基础上、找出关键控制点加以阐述，最大限度地规避风险，在流程和内控目标基础上，划定岗位职责和关键风险控制点。

第一节 预算管理组织机构的构建

成立预决算委员会小组，由校长、院（系）、部门及审计部门组成。预决算委员会小组下设预算管理工作办公室，办公室设在财务部。预决算委员会小组将拟定的预算管理相关规章制度、年度预算方案及调整方案等审议并提请校长办公室及党委会决定。预算管理工作办公室是处理预算管理日常事务的职能部门，在预决算委员会小组的直接领导下工作。

一、预决算委员会小组的主要职责

1. 制定颁布学校预算管理制度，包括预算管理的政策、措施、办法、要求等；负责决定是否上报预算，是"二下"工作的总体指挥。
2. 根据学校战略规划、年度经营目标及成本管理中心下发的预算目标，确定预算目标分解方案、预算编制方法和程序。
3. 组织编制、综合平衡预算草案。
4. 下达经批准的正式年度预算。
5. 协调解决预算编制和执行中的重大问题。

6. 审议预算调整方案，依据授权进行审批。

7. 审议预算考核和奖惩方案。

8. 对学校预算总的执行情况进行考核。

9. 其他全面预算管理事宜。

二、预算管理工作办公室的主要职责

1. 拟订学校各项预算管理制度，并负责检查落实预算管理制度的执行。

2. 根据成本管理中心拟定的年度成本预算总目标分解方案及有关预算编制程序、方法的草案编制预算。

3. 总体负责预算编制的"二上二下"活动。

4. 预审预算初稿，进行综合平衡，并提出修改意见和建议。

5. 汇总编制学校预算草案，提交预决算委员会小组审查。

6. 监控预算执行情况。

7. 定期汇总、分析预算执行情况，为委员会进一步采取行动拟定建议方案。

三、学校各院（系）、部门（以下简称"各单位"）的主要职责

1. 提供编制预算的各项基础资料。

2. 负责本部门预算的编制和上报工作。

3. 将本部门预算指标层层分解，落实到各环节和各岗位。

4. 严格执行经批准的预算，监督检查本部门预算执行情况。

5. 及时分析、报告本部门的预算执行情况，解决预算执行中的问题。

6. 组织实施本部门内部的预算考核和奖惩工作。

7. 配合预算管理部门做好学校总预算的综合平衡、执行监控、考核奖惩等工作。

8. 各预算执行部门负责人应当对本部门预算的执行结果负责。

第二节 预算编制

预算编制应遵守的编制原则：

1. 目标性原则：预算目标必须服从于学校的总体战略目标和年度目标；

2. 量入为出、收支平衡：预算不应超出学校综合财力；

3. 全面性原则：预算编制内容要做到全面、系统、完整，涉及学校所有的业务活动；

4. 统筹兼顾、保证重点、勤俭节约的原则：须保证学校正常运转的主要日常支出，专项支出的安排要在保证其支出对学校发展具有必要性、积极性和重要性的基础上量力而行。

第三节 校内预算的编制

校内预算编制是部门预算编制的基础，前者是由院系及职能部门主办，后者由预算管理工作办公室主要负责。预算编制应精细化管理，所有收支都应纳入预算管理编制之中，实行"全口径管理"，预算编制应注重财务和非财务指标的设定，注重产出效果。盘活收入，对固定资产、科研收入、捐赠等各类收入细化到二级科目，必要时从源头抓起。

一、控制要求

（一）校内预算应本着有理、有据、厉行节约的原则

预算中的经费使用如办公经费、部门耗材、业务费、差旅费等严格按照学校标准计算，其他费用计算时应附带具体的文件、标准或领导审批的方案或往年经费标准，从标准及文件依据两方面做到有理、有据。编制程序符合规范，计算方法科学合理，同时能节约开支的尽量节约。

（二）预算目标编制注重绩效成果产出

预算目标对项目库的建设、预算编制、绩效监控的有效实施以及后期的绩效评价等影响甚广，是重要基础和依据。在设定预算目标时，应考虑绩效成果的产出，应考虑社会环境如国民经济和社会未来发展，同时考虑自身的部门职能及单位未来的发展战略规划；将预算收入和支出的内容、范围、方向及产出融入目标设定之内。设定的目标须经过调研取证，经过科学论证，经得起客观实际的检验，而且能在一定的时间范围内实现。

具体的做法：将绩效预算目标逐级分解，财政部为事业单位设定绩效目标，上级部门为下级部门设定绩效目标，各二级单位结合财政部和本级单位设定的目标，加之本身工作现在和未来需要设定目标，形成财政部—各事业单位—二级部门逐级分解目标的结构。

在设定考核标准时应考虑到历史标准、行业标准、计划标准或者财政部认可的其他标准。其中历史标准指的是相同类指标的历史数据；行业标准指的是国家公布的行业指标数据或者行业公认的指标数据；计划标准指的是计划的一系列数据如目标、预算、定额等。设定绩效标准时结合定量表述的方式对指标进行细化，如有不能量化的，可进行定性的可衡量的表述。进行定量考量时可从数量、质量节约成本的程度、时效性、带来的经济、生态和社会效益、影响的可持续性、服务对象的满意度等维度进行考量。

二、涉及的岗位和职责

控制活动涉及的各单位为校内的职能部门和院系，包括校办、部门、处、馆和院系。总体上分为预算管理工作办公室、各单位、财务处负责人、分管校长（副书记）、党委会和主管部门。部门不同岗位职责不同，具体如下：

1. 预算管理工作办公室：预算管理工作办公室是实施财务预算的主体及归口管理部门。负责：财务预算的组织、通知的下发，汇总各单位的预算草案并编制预算方案，报负责人审核签字，报主管部门；根据主管部门批示及各单位配比系数，落实校内预算，是"二上二下"的组织者和主体实施者。

2. 预决算委员会小组：审核预算草案并上交校长办公室会议审批；向下传达校长办公室审核通过的年度预算；审核通过关于预算的管理制度，向校长办公室提供决策所需的数据和信息。

3. 各单位：根据自身开展工作的需要，依据学校的相关标准和上年度预算实施情况，有计划、科学合理地编制详细的预算方案，上报预算管理工作办公室。

4. 校长办公室：根据国家法律法规要求，制定本校的发展方针和政策，为学校的发展指明方向。审核预算草案的合理性、合规性，对预算方案审批，对预算执行过程中的重大突发事件如预算金额的增加等审批。

三、编制流程图（图 8-1）

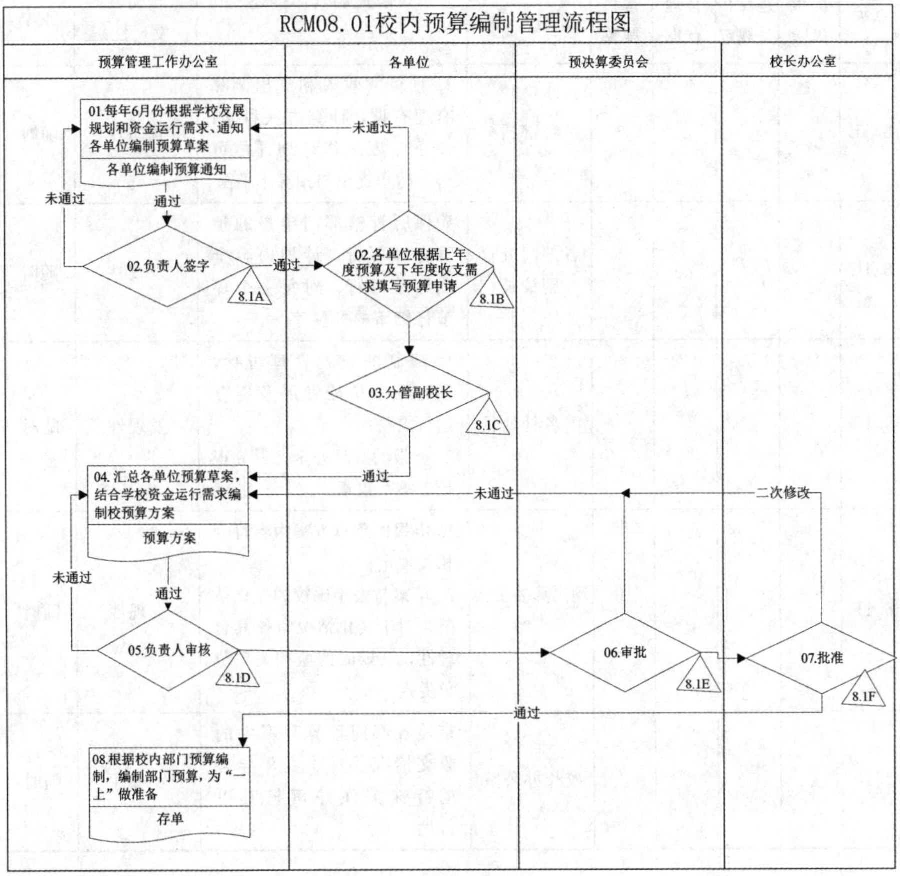

RCM08.01校内预算编制管理流程图

预算管理工作办公室	各单位	预决算委员会	校长办公室

流程步骤：
- 01.每年6月份根据学校发展规划和资金运行需求,通知各单位编制预算草案 → 各单位编制预算通知
- 02.负责人签字 8.1A（未通过则返回；通过则进入下一步）
- 02.各单位根据上年度预算及下年度收支需求填写预算申请 8.1B
- 03.分管副校长 8.1C（通过）
- 04.汇总各单位预算草案,结合学校资金运行需求编制校预算方案 → 预算方案
- 05.负责人审核 8.1D（未通过返回；通过）
- 06.审批 8.1E（未通过返回"04"；二次修改）
- 07.批准 8.1F
- 08.根据校内部门预算编制,编制部门预算,为"一上"做准备 → 存单

图 8-1 预算编制流程图

四、风险识别与关键控制具体描述

表 8-1 校内预算编制的风险识别与关键控制点

风险控制点编号	决策风险	违反相关规定	有理有据	营私舞弊	参与部门/人员	风险控制具体描述	控制类型（预防性/发现性）	控制频率
8.1A		√			财务处处长	1. 预算通知是否符合学校要求,内容是否清晰明了; 2. 在预算通知上签字盖章,并对预算整体负责	发现性	随时

69

续表

风险控制点编号	风险类别 决策风险	风险类别 违反相关规定	风险类别 有理有据	风险类别 营私舞弊	参与部门/人员	风险控制具体描述	控制类型（预防性/发现性）	控制频率
8.1B			√	√	各部门	1. 预算的收入和支出测算有理有据，计算方法科学；2. 下年度工作计划详尽可行，防止支出与预算不平衡	预防性	随时
8.1C		√	√	√	各部门分管副校长	确保所管辖部门申报的预算合理可行，计划内容全面细致可行，对每一个环节仔细审核并签字	发现性	随时
8.1D		√			财务处处长	1. 编制的方案合理可行，同时顾全学校发展及资金运行需要；2. 上报的资料齐全，领导审核、签字盖章	发现性	随时
8.1E	√	√			预决算委员会小组	1. 申报的预算方案内容符合相关规定；2. 草案与去年比较的变化情况，对于变化情况审核其合理性，必要时约谈相关单位负责人	发现性	随时
8.1F			√	√	校长办公室	审核各部门预算草案中的收支情况，对于变化异常的特殊关注并审核其可行性	发现性	随时

校内预算编制在整个预算编制中占据着重要地位，应本着实事求是、预算与实际支出相协调一致的原则，计算方法科学合理，确保学校向省财政厅上报的校内预算编制与校内实际的预算编制一致。只有这样，才能保证学校各项工作的有序逐级开展，提高工作效率，发挥校内预算编制在学校实际工作中的资源配置作用，进而提高资金的使用效率。

第四节　部门收入预算编制管理

部门预算是高校财务预算的核心工作，包含收入和支出预算，是学校各部门的资金收支预算及学校下年度资金运行计划而编制的关于学校整体的预算。在整个部门预算编制过程中实行"二上二下"，预算管理工作办公室是预算的归口管理部门。近年来，高校部门收入多元化，有财政拨款收入、补助收入、事业性收入、下级单位上缴收入、科研经费等，正因为其多元化的来源，在管理方面存在很多风险。

一、编制目标

收入预算编制要最大程度地保证预算收入数额与实际数额差距在合理范围内，为学校的支出提供有效保障，确保绩效考核的真实性和可行性。保证各单位的预算收入计算方法正确，计算准确，收入符合高等学校会计制度及其他法律法规要求。

二、涉及的岗位和职责

（一）各单位

根据自身开展工作的需要，依据学校的相关标准和上年度预算实施情况，有计划、科学合理地编制详细的预算方案，上报预算管理工作办公室。在预算实施过程中，力求节约，高效地完成工作。接受预决算委员会小组的管理和监督，提供相关数据支持。

（二）预算管理工作办公室

预算管理工作办公室是部门预算的牵头及归口管理部门。主要职责是：根据主管部门要求、学校实际情况如固定资产的实际情况、各单位预算编制上报的方案，汇总编制详细可行的部门预算方案，经部门领导审核、预决算委员会小组、校长办公室会议审批后汇报主管部门，并根据主管部门意见，反馈给相关部门，之后汇总上报，最后编制预算发给各单位，是"二上二下"的主要实施者。在整个部门预算中，拥有预算方案的解释权。

（三）财务处处长

组织预算管理工作办公室根据相关规定实施部门预算的编拟及汇报工作，对此进行签字确认，在整个过程中有监督管理义务，对不符合规定之处有权处理。

（四）预决算委员会小组

审核预算草案并上交校长办公室会议审批；向下传达校长办公室审核通过的年度预算；审核通过关于预算的管理制度，向校长办公室提供决策所需的数据和信息。

（五）校长办公室

根据国家法律法规要求，制定本校的发展方针和政策，为学校的发展指明方向。审核预算草案的合理性、合规性，对预算方案审批、对预算金额的增减情况审批。

三、流程分析图（图 8-2）

各单位	财务预算科	财务处处长	预决算委员会小组	校长办公室	省教育厅	省财政厅

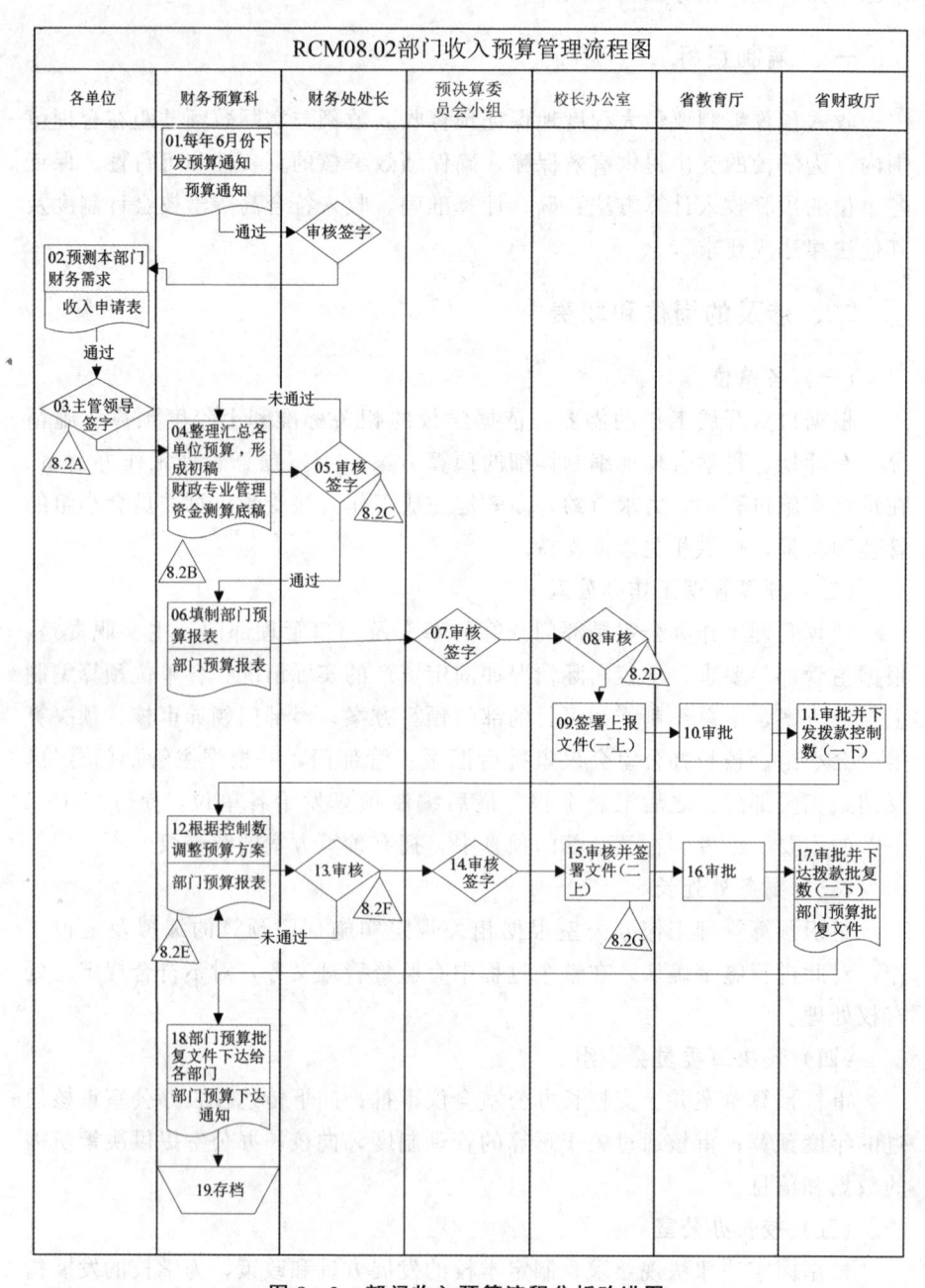

RCM08.02部门收入预算管理流程图

主要流程节点：
- 01.每年6月份下发预算通知（预算通知）
- 审核签字（通过）
- 02.预测本部门财务需求（收入申请表）
- 03.主管领导签字（8.2A，通过）
- 04.整理汇总各单位预算，形成初稿 财政专业管理资金测算底稿（8.2B）
- 05.审核签字（8.2C，未通过/通过）
- 06.填制部门预算报表（部门预算报表）
- 07.审核签字
- 08.审核（8.2D）
- 09.签署上报文件（一上）
- 10.审批
- 11.审批并下发拨款控制数（一下）
- 12.根据控制数调整预算方案（部门预算报表）
- 13.审核（8.2E，未通过）
- 14.审核签字（8.2F）
- 15.审核并签署文件（二上）
- 16.审批
- 17.审批并下达拨款批复数（二下）（部门预算批复文件）（8.2G）
- 18.部门预算批复文件下达给各部门（部门预算下达通知）
- 19.存档

图 8-2　部门收入预算流程分析改进图

四、风险识别与关键控制具体描述（表8－2）

表8－2　部门收入预算风险识别与关键控制

风险控制点编号	风险类别				参与部门/人员	风险控制具体描述	控制类型（预防性/发现性）	控制频率
	决策风险	违反相关规定	有理有据	营私舞弊				
8.2A	√	√	√		各单位主管领导	1. 预算的收入测算有理有据，计算方法科学；2. 下年度工作计划详尽可行，避免假大空现象	预防性	随时
8.2B		√	√	√	预算管理工作办公室	1. 确保预算编制科学、规范、详尽；2. 上报的资料齐全，领导审核、签字盖章	发现性	随时
8.2C		√	√	√	财务处处长	编制符合法律法规，科目设置合理、确保预算收入与实际收入差距在合理范围内	发现性	随时
8.2D	√	√	√		校长办公室	审核部门预算收入，对突出异常的收入重点关注，偏离的与各单位协调解决	发现性	随时
8.2E		√	√	√	预决算委员会小组	调整的预算金额保证各单位运作需求，分配合理、力求节约	预防性	随时
8.2F		√	√	√	财务处处长	审核预算科申报的方案的合理性、合规性，是否存在偏爱现象	发现性	随时
8.2G		√	√	√	校长办公室	总体把握控制数及各单位资金分配情况，审批"二上"文件的合理合规性	预防性	随时

高校资金来源具有多样性和复杂性的特点，有时上报部门的收入预算与决算时的实际收入往往会发生不一致的问题，为解决这一问题，应做到以下几点：

1. 强化各单位部门预算收入的管理，对科目进行细化。由于历史原因，上报的部门收入预算的系统有时不符合高校内部预算收入，因此，高校在对这些科目进行分解时必须细化，比如科研经费，在预算时很难具体计算出经费的数目，但填报预算收入科目时高校应具体到立项人、并由科研部门对其进行追踪以求达到经费的具体落实、实事申报，防止经费浪费的现象。

2. 审计机构参与，事前监督。目前，有些学校的审计机构只有在年终决算时参与，而对于编制过程是否存在违法违纪、徇私舞弊的现象并未监督，只是事后监督，缺乏事前监督环节。因此，内部审计机构应在部门收入预算的全过程进行监督并发表意见。

3. 部门收入预算"全口径管理"。年终决算时常常发现很多预算外的收入，发生这种现象一是由于高校与政府部门监督管理体制上的矛盾，另一个原因是历史遗留问题。为此，高校须重视部门预算收入对学校整体发展及运行的统筹作用，所有收入纳入预算，细化收入科目，实行"全口径管理"。

第五节 部门支出预算编制管理

部门支出预算涵盖了高校所有的未来支出项目，是高校为开展各项活动所发生的资金耗费和转出。部门支出包括四种：一是高校自身开展各项活动的支出，包括事业支出、经营支出、专款支出等；二是高校向上级主管部门上缴资金的支出，如上缴上级支出；三是向所属单位拨出资金和款项，如对所属单位补助等；四是用于基本建设计划的固定资金新建、扩建和改建形成的支出。几乎所有的部门都参与到支出预算管理之中。

一、编制目标

对申报的项目进行严格的甄选、论证、审核，申报的金额要确保计算科学、准确，所有的项目都应纳入部门预算支出。编制内容完善详尽，按照"轻、重、缓、急"顺序申请预算。在实行统筹兼顾、勤俭节约、量力而行、讲求在绩效和收支平衡的原则上进行各项支出预算。除上级主管部门临时或校长办公室认真讨论的特殊事项外，原则上预算执行时不追加预算。

二、涉及的岗位和职责

1. 各单位：各单位根据自身开展工作的需要，依据学校的相关标准和上年度预算实施情况，有计划、科学合理地编制详细的预算支出方案，上报预算管理工作办公室。在预算实施过程中，力求节约、高效地完成工作。接受预算管理工作办公室的预算执行监督，提供相关数据支持。

2. 预算管理工作办公室：预算管理工作办公室是部门预算的牵头及归口管理部门。主要职责是：根据主管部门要求、学校实际情况如固定资产的实际情况、各单位预算编制上报的方案，汇总编制详细可行的部门预算方案，经部门领导审核、校长、党委会审批后汇报主管部门，并根据主管部门意见，反馈给相关部门，之后汇总上报，最后编制预算发给各单位，是"二上二下"的主要实施者。在整个部门预算中，拥有预算方案的解释权。

3. 财务处处长：财务处处长组织预算管理工作办公室根据相关规定实施部门支出预算的编拟及汇报工作，对此进行签字确认，在整个过程中有监督管理义务，对不符合规定之处有权处理。

第三篇 | 全成本的计划管理

4. 预决算委员会小组：预决算委员会小组审核预算草案并上交校长办公室审批；向下传达校长办公室审核通过的年度预算；审核通过关于预算的管理制度，向校长办公室提供决策所需的数据和信息。

5. 校长办公会：校长办公会根据国家法律法规要求，制定本校的发展方针和政策，为学校的发展指明方向。审核预算草案的合理性、合规性，对预算方案审批，对预算执行过程中的重大突发事件如预算支出金额的增加或减少等进行审批。

三、流程分析图（图8-3）

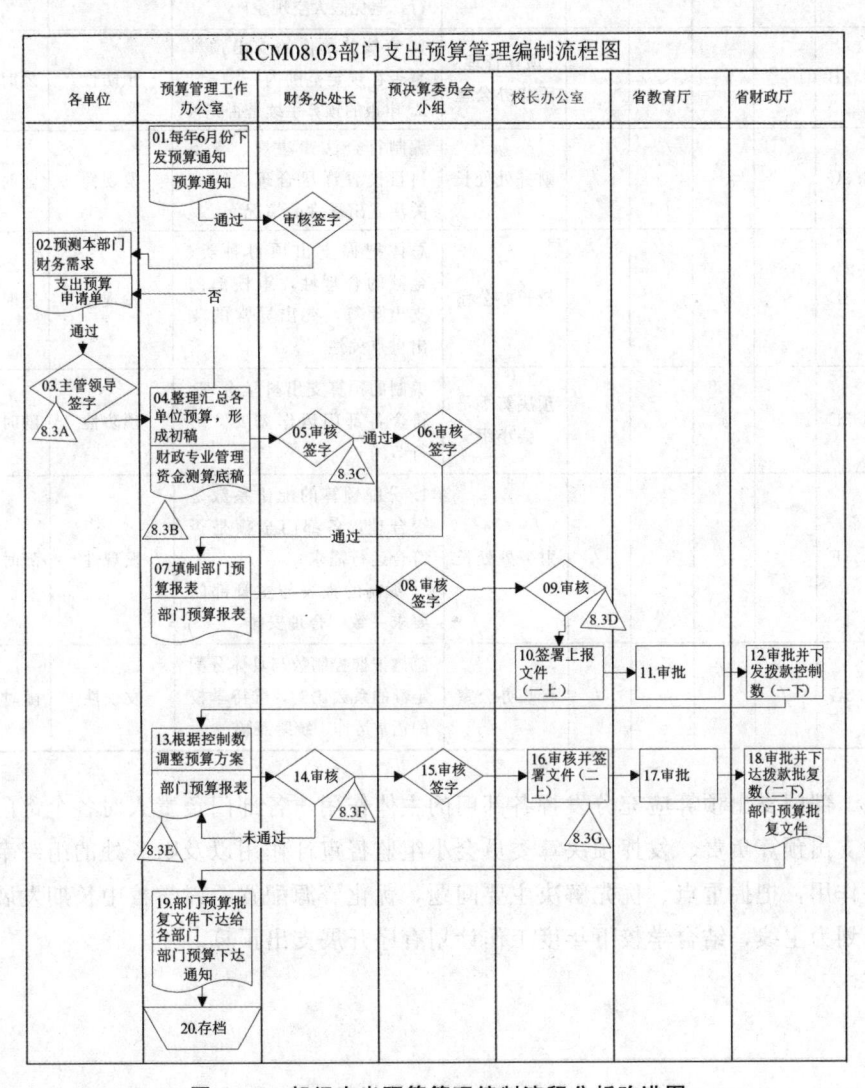

图8-3 部门支出预算管理编制流程分析改进图

75

四、风险识别与关键控制具体描述（表8-3）

表8-3 部门支出预算管理风险识别与关键控制

风险控制点编号	风险类别 决策风险	风险类别 违反相关规定	风险类别 有理有据	风险类别 营私舞弊	参与部门/人员	风险控制具体描述	控制类型（预防性/发现性）	控制频率
8.3A		√	√		各单位主管领导	1. 预算的支出测算有理有据，计算方法科学；2. 下年度工作计划详尽可行，避免假大空现象	预防性	随时
8.3B			√	√	预算管理工作办公室	1. 审核各单位的支出预算是否在规定范围内；2. 申报的预算手续是否完善	预防性	随时
8.3C		√	√		财务处处长	编制符合法律法规，支出科目设置详尽合理、特别关注支出异常的情况	发现性	随时
8.3D	√	√			校长办公室	总体把握支出项目种类、金额的合理性，审核部门支出预算，突出异常的支出重点关注	发现性	随时
8.3E		√	√		预决算委员会小组	编制的预算支出科学合理，符合各部门运作需要，厉行节约	预防性	随时
8.3F		√	√	√	财务处处长	1. 分配预算的配比系数是否合理，各部门金额是否符合运行需求；2. 编制的报表与主管部门要求一致，合理安排	发现性	随时
8.3G	√		√	√	校长办公室	总体把握控制数与具体分配定额的系数比例，维持学校的正常运作，统筹兼顾	发现性	随时

部门支出预算应充分发挥各部门的主体作用，各部门负责人对各个部门的支出预算负责、发挥预决算委员会小组监督审计作用以及财务处的组织牵头作用，把握重点、优先解决主要问题，优化资源配置，以学校中长期发展规划为主线，结合学校下年度工作计划有序开展支出预算。

第四篇
全成本组织结构

第九章　全成本管控组织结构的建立

成本控制在满足应用型本科院校的职能定位和发展战略的前提下进行，即在结合市场需求，培养服务地方经济发展需要、具有高级应用型能力的复合型人才，在这一发展定位前提下有目的地控制成本。

第一节　高校组织架构类型和构成特点

组织架构的设计是为组织目标服务的，针对目前高校组织架构的专业化板块的构成特点，成本控制的手段应为通过分解组织战略，授权和职责划分相互监督，相互制衡。

高校一般实行直线职能制的组织结构，即：校（院）对校负责，（院）系部具体实施校（院）的规定和指示，（院）系部下设办公室三级科室。根据高校组织构架的实际情况，机构设置由教学单位、教辅部门、行政管理部门和党群部门组成，成本费用控制的承载单位为院（系）教学单位、教辅部门、行政管理部门和党群部门。

院（系）为主的教学单位应在学校的总体目标下，积极转变教学模式、教学手段、教学思路，推进课程改革，以就业为导向，以用人单位所需的高级技能型人才为培养目标，同时注重党政思想教育，培养学生品德、树立正确积极的人生观和价值观；教辅单位、行政管理部门和党群部门积极围绕培养高素质的应用型人才为主要目标，压缩成本费用，开展各成本管理控制工作。

第二节　成本费用控制管理的原则

以控制成本为原则，明确各系数、各部门权利职责，按照已核算的培养学生成本，进行价值量分解，保证指标的定量可衡量。

1. 实行"逐级负责"的原则。坚持逐级负责，实行分级管理和预算控制相结合，形成校级、二级单位，到三级科室具体实施负责的由点到面的格局。

2. 坚持成本管控全过程覆盖的原则。各项目标成本要层层分解，全面落实。通过提前预测、周密计划、指标控制、过程分析、绩效考评等手段，狠抓成本控制，实现全面成本管控。

第三节 成本费用管理组织机构的设立

成本责任制主要通过分级管理完成，校（院）长为成本管理控制的最高责任人，负责学校的总成本控制；成本管理中心（隶属于财务部门）是校成本费用管理的归口部门。各分管副校（院）长、副书记主要负责所辖部门成本指标的管控，履行成本指标的管理和监督职能。各院（系）、各部门（下称"分级单位"）为二级单位，下辖三级科室，各分级管理单位的职责应明确责任到人，强化全员参与。二级科室具体负责成本管理与控制的实施；各二级科室责任人根据指标实行责任分解、时间分解（将成本目标分解成年度、季度、月度完成），三级科室具体为具体成本控制的实施者。成本指标的管理与控制纳入部门及责任人的年度考评，实行奖惩制度，与工资挂钩，强化全过程管理各分级单位。

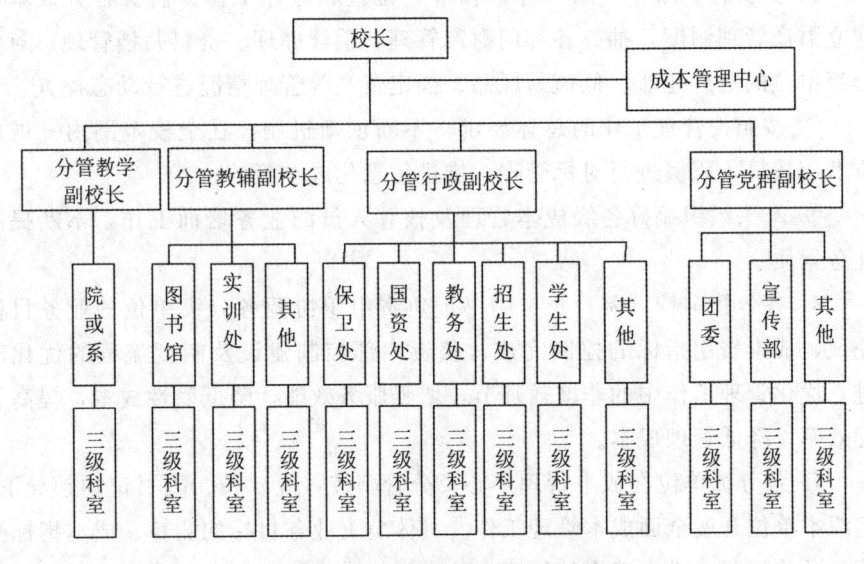

图 9-1 成本管理组织结构图

第四节　全成本管控的职责划分

1. 校（院）长：领导全校认真贯彻《会计法》《高等学校会计制度》等相关法律法规，建立健全成本管理运行机制，领导全校自上而下实现成本管理目标，实现全校高效低成本发展。

2. 成本管理中心在校（院）长的带领下，做好成本费用的管理工作。具体负责：

① 制定成本管理制度，贯彻落实校各项成本管理制度，根据历史最佳水平或同行业较佳水平编制目标成本以及各项成本费用指标的分解标准，并下达给预算管理工作办公室。

② 组织成本费用的监督、检查和业务指导工作，及时准确地进行校成本费用的核算、考评。

③ 建立和完善分析制度，负责对各分级单位的成本预算执行情况和成本管理工作的检查、分析、考评。

④ 负责对校材料、低值易耗品、固定资产等回收复用、修旧利废、节支降耗工作的监督、考评。

⑤ 负责各分级单位现场成本管理工作的组织监督检查和考评。

⑥ 严格控制各项成本费用支出，理顺管理环节，压缩期间费用的开支。

⑦ 负责各分级单位财产建账指导、检查和考评工作。监督各分级单位建立财产管理制度，抽查各部门财产管理、手续办理、资料归档管理；对各分级单位的财产建账、低值易耗品、固定资产等管理情况进行动态检查。

⑧ 按照校管理工作的总体要求，不断创新机制，在全校范围内开展成本费用核算，积极进行对标管理，推进信息化成本管控。

⑨ 牵头组织搞好各级成本管理及核算人员的业务培训工作，不断提高业务素质。

3. 各分管副校（院）长、副书记负责组织协调各分级单位的业务目标完成，成本费用指标的控制完成。负责内部控制建设及制度流程的优化改进，优化管理工作中的非增效环节，增强服务效能，降低隐性成本，提高管理效率，降低管理成本。

4. 各分级单位在成本管理中心及分管副校（院）长、副书记的领导下，组织本单位开展全面成本管理工作。具体负责业务目标的测算、成本指标测算、预算编制、成本费用的核算，按时组织成本管理检查、分析、考评等工作，完成对标管理。完善内部控制建设，优化制度流程，改进非增效环节，加强信息化建设，增强服务效能，提高管理效率。

5. 三级科室具体实施业务目标、成本费用指标的完成全面落实各项成本管理制度和节支降耗的具体落实。

案例：W高校成本控制岗位职责划分的应用全解

成本管理与控制体系由校长由校（院）长负责下的分管领导负责制，由校长、各分管副校长、副书记、院（系）、部门、三级科室组成。

（一）校（院）长的职责

领导全校认真贯彻《会计法》及其他法律法规要求，建立健全成本管理运行机制。

（二）分管副校（院）长的职责

1. 分管教学单位的副校（院）长：负责教学单位的日常管理费用、专业建设费、校外实习经费成本指标的制定和管理。

2. 分管教辅部门的副校（院）长：负责教辅部门的日常管理费用、图书资料购置费用等成本指标的制定和管理。

3. 分管行政管理部门的副校（院）长：

① 负责招生处、教务处、就业处、学生处等行政管理部门日常管理费用、招生费（含网招费和宣传费）、监考费、就业费（含就业指导费）、奖助学金、学生医疗费等成本费用指标管理。

② 负责后勤管理处日常管理费用、水费、电费消耗定额、取暖费、教学楼和行政办公楼、学生公寓的大中小维修（护）费等成本指标的管理。

③ 负责科技产业处门日常管理费用、校级科研项目费用（含课改费用）、横纵向经费的管理、对外交流费、校办刊物等成本费用指标管理。

④ 负责人事处的日常管理费用、教师绩效工资、误餐费、通勤费等成本费用指标管理。

⑤ 负责实验实训中心及国有资产管理中心的部门日常管理费用、实验实训器材的大中小维修和维护、设备采购费等成本费用指标的管理。

⑥ 负责保卫处部门日常管理费用、保安费、军训费、警卫消防费等成本费用指标的管理。

⑦ 负责办公室成本指标的管理，电话费、业务招待费、会议费、公务用车费、办公费、杂品购置费等成本指标的管理。

4. 分管党群部门的副书记：负责部门日常管理费用、宣传费、团委学生活动经费、工会经费等成本费用指标的管理。

（三）成本管理中心

成本管理中心负责全校成本费用指标的制定和管理，对学校所属成本费用进行集中管理、核算与考评。

职责：

组织领导全校的成本管理工作，部署全面成本管理工作，推进信息化成本管控，严格执行《会计法》和相关高校财务会计规章制度；领导相关部门搞好成本费用控制、核算、分析、考评工作，组织开展好校成本费用指标管理、预算管理、对标管理等工作；指导各职能部门搞好分管成本项目的管理与控制，督促各院（系）、部门建立健全成本管理制度，强化管理、降低消耗、节约成本、提高效益。

1. 设定校成本控制目标，编制成本控制总表，经校（院）长审批纳入预算作为全校成本控制指标。

2. 各院（系）、部门依据预算，在实际业务活动中进行成本控制，成本管理中心连续监控。

3. 成本管理中心负责建立动态成本台账，每月依据各院（系）、部门上报的成本费用信息，更新、审核实际发生的成本是否在成本控制指标规定范围之内。

4. 成本超支处理及调整：

① 成本超支由成本管理中心按成本细项超支预警的范围和要求、填写成本细项超支预警表，以书面形式报校（院）长备案或审批；

② 拟使用不可预见费弥补，调整成本细项，由各院（系）、部门上报分管副校（院）长、副书记审核，报成本管理中心审批；

③ 不使用不可预见费弥补，拟采取降低成本措施补救，分管副校（院）长、副书记审批；

④ 需要突破目标成本时，须经过分管副校（院）长（副书记）审核，成本管理中心主管审批，上报校（院）长审批。

5. 业务实施过程中，因计划调整而引起成本细项的控制指标的增加或减少，应及时报成本管理中心审查，并按照上述规定进行处理。

6. 各院（系）、部门每月进行成本核算和业务活动分析，对成本指标的执行情况进行检查和总结，分析成本发生的增减动态和趋势，通过分析查找成本细项超支的原因，及时采取控制成本的措施。成本管理中心每月汇总分析总各院（系）、部门的成本核算和业务活动分析，并编制校每月成本控制分析报表和报告。

（四）各院（系）、部门的成本指标内容和职责

各院（系）、部门须根据成本管理中心的要求，每月填制各专业、部门成本费用消耗报表，上报成本管理中心；负责本部门月度、年度的结算考评。

1. 各院或系负责日常管理费用、专业建设费用的管理。

职责：

① 根据教学计划，负责专业建设费的预算管理、日常管理费用的预算管理、低值易耗品等的可回收利用和低值易耗品摊销费用的预算管理。

② 负责配送物资的监督管理和考评工作。

③ 负责所摊销的水电费预算及消耗定额的管理。

④ 负责教师授课质量、学生学习、毕业就业质量评价及改进的动态管理。

2. 招生处和就业处负责部门日常管理费用、招生费（含网招费和宣传费）、就业指导费的管理；

职责：

① 负责参与校日常管理费用、招生费的预算编制与管理，利用多媒体和信息化手段、低成本高产出地宣传招生。

② 负责就业指导费的预算管理。

③ 负责参与全校水电费消耗定额的管理。

④ 负责部门值低易耗品的可回收利用，做到节约用物。

3. 教务处负责部门日常管理费用、监考费等各项费用的管理。

职责：

① 负责参与对全校教材的招标、采购，依据"性价比"原则，在保证教材质量的前提下，选择价格实惠的教材；做好教材的入库并有次序地在2周内安排教材分发、出库工作，减少教材的库存积压；做好库存场地的成本管理工作；在保证教材质量的前提下，做好教材的库存利用工作。

② 负责参与全校水电费消耗定额的管理。

③ 负责部门值低易耗品的压缩、回收利用，降低消耗。

4. 学生处负责部门日常管理费用、奖助学金、医疗费等费用的管理。

职责：

① 负责新生体检工作，并做好新生体检费的缴纳工作。

② 负责全校学生的心理健康教育工作，保证学生的心理健康状态良好，

及时发现、沟通、解决、监督心理异常的学生，监督检查各辅导员对学生心理健康的密切关注。

③ 按照国家、省教育厅及学校规定，做好奖助学金的发放工作。

④ 做好学校缴纳和学生个人缴纳的医疗费管理工作。

⑤ 负责参与全校水电费消耗定额的管理。

⑥ 负责部门值低易耗品的压缩、回收利用，降低消耗。

5. 保卫处（武装处）负责部门日常经费管理、保安费、警卫消防费、军训费的管理。

职责：

① 负责全校安全保卫工作，制定安全管理制度、做好学生财产、安全及校园安全的管理工作；做好相关费用预算的管理与控制工作。

② 负责参与全校水电费消耗定额的管理。

③ 负责部门值低易耗品的压缩、可回收利用，降低消耗。

6. 科技产业处负责部门日常管理费用、科研费用管理、校办刊物、学术交流费等的管理。

职责：

① 编制学校科研费用预算，并承担管理职责。

② 负责各类科技项目经费的管理，审查科研费用使用情况，优化科技资源的配置。

③ 组织学校科技成果转化、专利申报和科研奖励的评选工作。

④ 组织各类纵向科研的申报和立项，负责横向科研的签约，定期督查学院各级各类科研项目的进展和完成情况。

⑤ 负责部门值低易耗品的压缩、回收利用，降低消耗。

7. 国有资产管理处负责部门日常管理费用、固定资产的各类大中小维修、固定资产折旧费、固定资产采购、低值易耗品采购等成本费用的管理；

职责：

① 负责各类教学设备设施、办公设备、家具等固定资产的管理制度的制定并严格贯彻落实，搞好对标管理工作，做好固定资产管理的考评分析，提高管理水平。

② 定期组织固定资产清查工作，保证资产的安全完整，提高设备设施完好率、利用率；强化小型设备的管理。

③ 对国有固定资产实行会计核算，每年年终与财务处进行会计核账。固定资产管理处递交会计核算报销单于财务处并签字确认。年终编写固定

资产汇总报告。财务处领导同内部审计监督部门对固定资产的管理进行审核。

④ 实行领用设备办理领用手续。一般情况下，采购的物品应列入使用单位预算；特殊情况，使用部门填写申请单，经过分管副校（院）长批准、财务处批准；采购金额超过1万元的，应上报校（院）长审议批准。

⑤ 校内部审计监督部门不定期审查固定资产台账、制作卡及库存情况；检查卡、物和账是否一一对应；实行事前、事中和事后不定期监督检查，确保国家财产的安全和完整。

⑥ 编制固定资产折旧表，每月上报财务处和成本管理中心。

⑦ 监督全校范围内的固定资产使用，回收及修理工作，严禁重复购置，提高资产的使用率；对超占、人为损坏、设备丢失及设备部件造成的租金和赔偿费增加的要组织分析，落实责任，严格考评。

⑧ 负责校大中小修理费管理。负责选定修理厂家、组织拆检定损、组织议标议价、预算审核和手续办理工作。对本部门修理费指标进行控制和全校维修（护）费指标管控。

⑨ 负责固定资产、低值易耗品的采购工作，降低采购成本，保证质量，降低库存资金占用。

⑩ 负责部门值低易耗品的压缩、回收利用，降低消耗；

8. 实验实训中心负责日常管理经费的预算管理及指标控制。

职责：

① 负责管理全校除院（系）实验室之外的所有实验实训设施、多媒体教学设备等，设立仪器设备使用台账，列明使用单位、使用状态等信息并及时更新台账，并建立日常管理制度。

② 做好低值易耗品的回收、利用，定期做好组织清查工作。

9. 人事处负责部门日常管理费用、工资、冬季取暖补助、误餐费、通勤费、教师福利费的预算及指标控制。

职责：

① 负责工资预算的编制、协助做好绩效工资分配，控制人工成本。

② 负责做好考勤记录。

③ 按时提供工资发放明细表，及时与财务处核对实发工资数额。

④ 做好教师、行政管理人员的绩效考评，做好工资奖惩对接工作。

10. 校长办公室负责业务招待费、会议费、电话费、办公费、公务用车费等费用的管理。

职责：

① 负责业务招待费、会议费、电话费、办公费、公务用车费的管理，出台具体实施细则并贯彻落实，严格按照预算指标控制；

② 负责全校行政办公使用的低值易耗品的管理，出台具体管理制度并按照校指标严格控制；

11. 宣传部负责部门日常管理费用、宣传费等费用的预算和指标控制。

职责：

负责宣传费的管理，严格按照校要求订阅报刊，做好项目的审核、成本控制管理工作。

12. 图书馆负责部门日常管理费用、图书资料购置费用的管理。

根据国家和校相关规定预算安排，国家对本科院校图书采购的相关政策规定图书采购数量每生每年4本，做好图书的采购工作，保证采购质量，做好图书资料信息化费用指标的管理与控制。

13. 后勤管理处负责部门日常管理费用、物业费、水电费和取暖费的管理，全校水电消耗定额的制定，日常教学、办公楼的水电维修（护）费指标的管理与控制。

职责：

① 组织实施学校有关节约用水、节约用电的方针政策宣传教育工作，负责校节能工作，做好节能标准制定、宣传、检查和考评工作，降低成本投入。负责制定校用水、用电管理办法，水费、电费指标控制，水量和电量的计量和分析考评工作；负责水费、电费结算、手续办理的管理工作。

② 负责全校年度、月度用水、用电指标的测定，完善计量手段。定期对全校供水系统进行检查，严禁跑、冒、滴、漏，杜绝私拉乱接。

③ 根据各部门用水、用电情况，推广节水、节电设备的使用和措施落地，建立健全用水用电资料、档案的管理工作。

④ 负责搞好后勤系统的成本管理工作，按校有关管理制度规定对全部服务项目按照会计核算要求实行价格结算、损益核算。

第五节 组织管理的流程梳理

随着高校的不断发展及市场需求的变化，为了保持和提高组织管理效率，高校组织管理流程必须不断演化以满足客观需要。流程梳理演化的过程也是完善组织制度的过程，防范风险的过程。

流程效率的高低关系到学校是否有效利用资源，直接影响着服务对象的体验值，关系到学校的竞争力。高效的流程管理是降低隐性成本的措施之一。

优化流程的步骤是优化业务流程的准备阶段、改革局部流程、对其他业务流程进行重新思考和设计。流程优化的准备阶段是思维的进阶阶段。在观念上，该阶段的思维方式是由保守到创新、从被动到主动，再合作进取的精神阶段的转变。流程优化的首要前提是网络信息化，没有网络信息化的流程优化不属于真正意义上的流程优化。改革局部流程是在坚持学校工作目标和中长期战略下，对核心流程的优化，改善提供给服务对象的产品或服务质量。在局部流程优化后，对其他非核心业务流程进行重新思考和设计，实现业务流程的整体优化。

一、预期达到的效果

1. 建立一个以客户、市场为导向的业务、管理流程体系。
2. 核心业务、管理流程清晰、简洁，提高工作效率。
3. 优化工作方法，提高工作质量与效率。
4. 流程顺畅，减少无效劳动，降低成本。
5. 工作流、信息流顺畅，运营成本易于控制。
6. 减少不必要的流程环节，提升效率。
7. 规范基础管理，实现信息化管理。
8. 加强业务流程的关键点管理，工作效果可控，目标易达成。

二、流程优化的实施

在实行流程优化过程中，必须研究整个业务流程中输入、处理、输出三个环节的内容、形式和方法。流程优化体系中的评价体系不但要有定性的评价内容，还要有各种用于定量分析的相关经济指标、管理过程评测指标及其指标值。只有这样，才能使流程优化落到实处，才能实现流程优化的预期目标，从根本上提高企业的管理水平和竞争力。具体的实施步骤：

1. 总体规划：首先要得到校领导层的支持与委托，设定基本方向。明确战略目标、内部需求和IT建设，确定流程优化的目标和范围。
2. 优化项目启动会：召开项目启动大会，进行全员动员，宣传造势，并进行内部流程优化的理念培训。
3. 流程描述及诊断分析：通过校内外部环境分析及客户满意度调查，

了解流程现状，描述与分析现有流程，归集问题，得出诊断报告。

4. 流程优化设计：设立培养高质量的应用型人才、服务社会的优化目标，确认培养学生过程中的关键流程，明确改进方向及流程优化设计，确定优化方案。

5. 实施：制订详细的优化工作计划，组织实施，并完善其他配套方案。

6. 持续改进：观察流程运作状态，与预定优化目标比较分析，对不足之处进行修正改善，并使流程优化成为一种持续行为。

三、流程优化时注意的事项

首先必须建立强有力的机构来保证流程梳理得到推行，梳理过程中必然牵涉到各个部门协调的问题，流程优化不是各个部门优化各自的流程。其次，要加强概念与基本方法的培训，流程优化的过程必然是一个不断培训的过程。然后，需要把相关的部门放在一起来开闭门的会议，分析并明确流程优化梳理的关键问题。四个核心问题必须明确：一是跨部门的流程协同，需要明确流程接口；二是流程流转与相应的流程责任在各个部门的划分；三是需要一位高层作为整个流程的负责人，负责监督、考核整个流程的运作；四是开始推动整个流程的优化，并出台相应的制度来推动流程的持续改进。梳理流程及流程管理时，应注意避免以下问题：

1. 条框太多，流程并行。

2. 过程中有的部门以短期利益为中心、牺牲长远利益。

3. 管理流程的应有功能未得到充分的发挥，比如未建立关键流程与市场动态密切联结的机制。

4. 流程在执行方面未清晰界定部门之间的职责，比如关键管理流程相关部门的权责与角色不明确，部门与部门之间或员工与员工之间的职责内容与合作方式缺乏统一的规范。

5. 流程未与绩效考核密切挂钩，部门与部门之间的工作流程定义不清楚，以致各部门在每个流程中所要扮演的角色与职责随意性高，未就整体作业流程的合理性为规划的出发点。

6. 虽然流程梳理可以按照一个部门或者一个功能领域来进行，但是应以高校的使命和战略规划为前提进行。

7. 流程管理的价值体现应与高校文化、组织与绩效激励体系等相一致。

第五篇
全成本管理与控制

第十章 隐性成本控制

由于非规范性的组织制度，导致部门与部门之间、员工与员工之间的横向沟通、下级部门与上级部门之间的纵向沟通呆滞，导致信息在传递过程中隔离受阻，管理效率下降，增加了管理成本。高等院校的科层管理制度、层级分工和非规范的流程制度导致高昂的组织管理成本，时间成本和非货币衡量的人力成本，并降低了学生体验值。为了降低由于制度等因素带来的"交易成本"，高校必须破除这种由制度因素带来的价值链的锁定效应、优化制度流程、提高内部流程效率、实施以优化价值链为中心的全成本策略，减少内部非增值的成本耗费。构建以全成本管理为导向的管理控制系统是在合理的治理结构和高效率基础上实现的。高效率的保障之一就是不断地梳理改进流程，改进治理结构，完善内部控制机制。隐性成本控制的过程亦是风险防控的过程。

第一节 高校治理模式的缘起

德国著名教育学家威廉·冯·洪堡（Wilhelm von Humboldt）在1809年创办柏林大学时对高等教育进行了影响深远的改革，提出大学应坚持教学与科学研究相结合、教授坚持独立性和学术自由的原则。他的这一思想理论被后世认为是现代大学的源头。"3A原则"（学术自由、学术自治、学术中立）在美国的高校被广为传播，被认为是现代大学制度的黄金标准。虽然我国的现代大学制度远不及西方发达国家，但历史却渊远流长。早在1916年蔡元培受聘于北京大学校长时，强调学术研究的重要性，制定政策引进思想活跃的教师，提出"教授治校、民主管理"的治学理念。蒋梦麟先生担任北京大学校长时提出"教授治学，学生求学，职员治事，校长治校"的管理方针，将教授从烦琐的行政事务中解脱出来，专心研究学术和教学。现行的高校治理模式鲜明地体现着时政特色和民族特色。党委领导下的校长负责制强调党的领导地位,校长负责行政事务及科层管理模式是金字塔式逐级审批纵向式的治理模式的体现。

第二节 我国高校治理现状

一、党委领导下的校长负责制

我国《高等教育法》第 39 条中规定,"国家举办的高等学校实行中国共产党高等学校基层委员会领导下的校长负责制。高等学校基层委员会按照中国共产党章程和有关规定,统一领导学校工作,支持校长独立负责地行使职权,讨论决定学校内部组织机构的设置和内部组织机构负责人的人选,讨论决定学校的改革、发展和基本管理制度等重大事项。"

我国高校领导体制是党委领导下的校长负责制,党的领导无论是在公办院校还是民办高校中都毋庸置疑地处于领导地位。公办高校的最高领导人是由上级组织部门认定。法律规定,在遇到重大事项时须经过党委会研究决定。党委是大学的最高决策机构,制定学校的发展战略、决定学校的重大影响事件。

我国《民法通则》及《高等教育法》规定:校长是高校的法人代表,拥有高校内部治理的行政权力,同时也是行政责任主体。校长负责学校日常行政事务,包括教学、科研、代表学校处理对外关系及保障全体师生的利益。

二、辅助咨询机构

除了书记负责党务事务、校长负责行政事务之外,大学还设有一些辅助的咨询机构,如学术委员会、学位评定委员会以及其他学术组织。这些组织设立的目的在于维护师生在教学、科研方面的利益、自主权和独立权,对违反校园师德及破坏社会风尚的道德行为进行惩处。但这些机构的职能目前仅限于咨询服务,在具体的职责及操作层面缺乏章程规定和指导。

三、科层管理制度

目前,高校内部治理结构为校、院和系实行的是科层管理制度,属于直线职能制治理结构,即:院受辖于校的领导,系部具体实施院的规定和指示,系部下设办公室。这种治理结构的好处是结构简单、责任明确、统一指挥;但下级即系层缺乏自主权,不利于创造力的发挥,缺乏生机和活力。

四、教职工代表大会

高校设有职工代表大会，保证教职工的合法权益。它是教职工了解学校发展、依法享有知情权、参与权及民主权的表现。目的在于维护教师的合法权益，保障教职工参与监督和管理高校的权利，体现了民主集中制原则。

五、监督机构

高校本身设有监督部门，对财务、招生等实体操作中可能发生的舞弊行为进行监督，但监督部门受相关行政领导指挥，缺乏独立性，在实际操作中往往成了虚设的空架子。高校实行事后查处的监督机制，缺乏事前参与、事中查处纠正的程序，以便很好地防范风险。

第三节 高校治理模式的改善建议

针对高校独特的治理模式，本书从教授权限、教职工民主管理、监督及完善章程等方面，从教授治学、科学管理两方面提供合理化建议。

一、完善规章制度

赋予学术委员会一定的财权和行政权力，为"教授治学"奠定基础。

欧美高校在"教授治校"这一方面的成绩显著。通过研究，我们发现这些高校给予教授组织一定的权力，具体表现在财权和人事权。我国的高校也可以借鉴欧美高校的经验，即赋予高校教授组织如学术委员会一定的财权和人事权利，同时进一步完善相关的规章制度，明确责任和权利，使教授在学校学术发展上真正发挥作用。

二、加强教职工的民主权是实现民主管理的重要方面

《高等教育法》规定："高等学校当面向社会，依法自主办学，实行民主管理。"这种民主体现在领导与教职工管理的参与模式。重视职工代表大会，真正让教职工对学校的重大事项具有知情权、审议权。构建合理的沟通体系，使"走基层"等民主座谈会形成一种常态，领导真正倾听员工的心声；同时实行"走出去"，让更多的教职工学习更好、更先进的管理思想或学术思想，不断提高自己。

三、设立专业化的监督机构，形成事前、事中和事后监督，规避风险

科学的管理是最大限度地规避风险。目前，我国高校都设有纪检部门，受行政领导人领导，对学校招生、管理等全过程进行监督检查。但由于专业和人数的限制及事后检查的机制影响，其作用往往并未发挥出来，学校在某些方面存在风险隐患并未得到及时发现，予以纠正。鉴于此，高校应设立专业的纪检监督部门，由专业团队组成，独立于行政领导管辖，在规章制度的设立、流程管理、财务管理等方面规避风险，形成事前发现、事中检查、事后纠正并反馈的机制。

四、建立完善的制度章程、梳理流程，控制风险

依据相关法律法规，完善高校章程，如建立完善的招生、就业章程、权责明确的财务规章制度等，从流程上建立逻辑严密、实际可行的，尤其对关键业务点进行有效风险防范的控制点，最大限度地降低风险。

五、扁平化管理

由于我国学者在高校治理模式方面探索的论文和著作不多，而企业在管理体系和制度等方面成熟并可以借鉴的论文和著作很多，同时还有很多成功的实践案例，这给我国高校在治理模式上提供了很多可借鉴的经验教训。美国著名管理学家、管理学之父彼得·德鲁克说过："由于现代企业组织由知识化专家组成，因此企业应该是由平等的人、同事们形成的组织。知识没有高低之分，每一个人的业绩都是由他对组织的贡献决定的，而不是由其地位高低来决定的。因此现代企业不应该是由老板和下属组成的，必须是由平等的团队组成的。"

由于信息技术的不断发展，传统的由中层领导负责的上传下达的角色正逐渐被邮件、OA 系统及其他及时通信系统所取代，所以这反过来驱使我们思索传统的科层领导体制是否应替换成扁平化的管理体制。扁平化管理是减少行政管理层次，裁减冗余人员，从而建立一种紧凑、干练的扁平化组织结构。这种组织结构的优点是去中间化，利于信息技术的有效沟通。

第四节　高校治理与隐性成本控制

公司治理是投资人对高级管理人员的管理、是委托人对代理人的管理，

与公司治理不同的高校治理则是政府、教师、行政部门等利益相关者通过权力互相制衡、以培养学生为目的、实现高效内部资源有效配置的制度安排。高校治理结构是现代大学治制度的本质与核心。

良好的高校治理结构是为了使内部控制有效运行，保证内部控制制度得到充分发挥的前提和基础，为其提供制度环境保障；而内部控制在高校治理结构中扮演着内部管理监控系统的角色，其充分发挥有利于形成良好的治理环境，有利于高校的发展。高校治理结构对隐性成本的控制影响深远。隐性成本控制内容包括：诚信与道德价值观、员工胜任力、管理哲学和经营风格、责任的分配与授权、人力资源政策、报告控制活动等。在高校治理结构中，责任明确、权责清晰的组织结构和制度安排更易于形成良好的内部环境。内部环境为成本的有效控制提供保障。

一、梳理组织架构

现在，越来越多的高校开始重视成本控制，很多通过预算形式实施成本控制，但控制的效果却不理想，与决策者的预期设想相差甚远。造成这个结果的主要原因是大多决策者认为成本控制是财务部门的事情，只要财务部门控制就可以了。然而，成本控制不是简单的预算管理，组织架构的重叠，职能部门的责权重叠势必造成大量的隐性成本浪费，管理效率低下，影响整体运行效率。

对此，应成立成本管理中心，专门统筹全成本管理控制事宜，明确高校各部门的职责，明确权责和功能，领导不能集权，不能直接插手成本管理。

梳理组织结构的步骤主要有：

1. 设立清晰明确的战略规划，并制定不同时期的发展目标；
2. 动态调整各部门、院（系）、其他部门的功能定位；
3. 按照全成本管理控制体系的需求，查找现有单位、院（系）、其他部门功能不足之处；
4. 通过论证修改功能体系，使之适应管理要求。

二、明确岗位职责

组织结构是由各院（系）、部门、岗位、职责及制度等构成的有机统一体。岗位职责的制定应该包括：各部门的岗位特性、工作内容；各部门的组织结构；各部门内岗位设置及编制；各部门内各岗位的工作职责、工作内容；各部门工作流程，完成标准；各部门的规章制度等。

高校各部门各工作人员相关工作的完成须依据相应岗位的规章制度、流程安排，同时注意工作的绩效情况，即工作人员的工作效率、产出效果。工作人员的工作绩效与校总目标相关、与其自身工作内容相关、与其他部门包括各院（系）、各部门的工作需求相关，这些也是高校各工作人员的绩效考评数据来源之一。完成该阶段的结果促进高校管理规范化，形成规范的高校管理制度文化。

（一）明确岗位说明书中的岗位职责

岗位职责即为通过该岗位的一系列活动来实现组织目标，实现既定的产出成果。通常情况下，岗位职责主要包括：为实现工作目的而在主要工作领域展开活动；工作职责负责人应承担的主要职责及要求实现的绩效成果。岗位说明书中应明确关键岗位职责。值得注意的是，关键职责是指设立该岗位需要履行的、长期的、经常性的、占用大量时间的工作，短期或临时的工作不属于关键职责。

（二）岗位目标的制定

岗位目标的制定应遵从的原则包括：

1. 具体细化、量化（说明时间、日期、金额、数量等），产出成果具有可评估性，

2. 制定工作量的适度性与挑战性，即工作人员通过努力可完成，

3. 体现公平性，同一岗位、不同工作人员的产出成果具有可比性，

4. 促进工作人员不断的改善工作，

5. 目标的制定应具有连贯性，避免重复，即目标监督人与工作目标执行人之间的目标需一致、与岗位职责相连贯，避免出现重复或断层的现象。

三、优化工作流程

以学生为中心，降低等待成本，提高学生体验值。处理学生事务是一个连续的过程，必须保证过程中的每一个环节都及时响应，某一环节的呆滞必然导致下一环节产生等待成本，降低了学生的体验值。通过"以学生为中心"的流程优化，加强效率管理，关注组织内部执行力，优化资源配置，提高服务效率，降低管理成本。在这种模式下，各部门、员工了解自己的职能定位，加快处理事务速度，减少学生等待时间，从而降低管理成本，提高管理效率。以学生、服务对象为中心，建立投诉渠道，降低服务成本。制定清晰明确的流程图和岗位职责牌，提高服务对象的咨询效率，尽量提供简便的工作沟通平台，确保服务对象咨询的问题一次性解决。建立投诉渠道，受理

学生、教师、校外人士对部门工作人员（或其他部门的工作人员）的投诉处理，并在规定的时间内给予回复处理并登记在册，标明处理方式、处理人及处理结果。各院（系）、部门应定期对投诉处理结果进行总结，必要时修改相关的制度文件。

四、建设科学合理的学科结构

在战略规划过程中，应考虑发展高校的特色专业，建立科学合理的学科结构。高校应结合自身条件、在比较外部市场环境、分析本校毕业生市场状况的基础上，建立科学合理的学科结构，即明确自己的特色专业，重点发展专业，应培育的专业，取缔"僵尸"专业。这样才能保证资金投入带来的联动效应，防止资金分散的低效益。高校应结合学生就业市场境况，以社会满意度为维度，基于内部价值链的末端持续改进学科结构设计，实现战略规划，控制降低交易成本。

五、员工—成本价值耦合

为了提高服务学生质量，提升品牌效应，真正将成本—效益落到实处，高校应重视教师、员工在价值链中的作用。关注、重视教师、员工在战略中的作业体现了"以学生为中心"的价值理念。教师、员工的利益受到重视，价值得到体现，才能以高校主人翁的意识参与教学、科研，更好地服务于学生、服务社会，加速服务的信息流，将高效传递到每一个流程中，主动了解社会需要什么样的人才、怎样培养人才、学生存在哪些困惑，进而授业解惑，实行差异化服务。

六、高校联盟——从外部价值链角度实现成本最低化

对于高校而言，内部研究开发新技术的成本有限，而且由于专业的多样化及市场技术更新换代的周期短，高校运用自身能力独立研发越来越困难，因此需要在分析市场价值链的基础上，考虑通过高校联盟的手段，通过开放性平台和让渡价值，迅速利用外部环境的资源优势弥补自身的短板，在协同效应下降低成本。

1. 通过业务外包的形式，利用外部的研发优势和成果，降低成本。业务外包是利用外部专业化的资源优势，获得比单独利用内部资源更多的竞争优势而将非核心业务交由其他组织合作完成的一种管理模式。这种模式在企业中常见，如海尔集团将冰箱研发交由三洋学校完成，大大降低了海尔的研

发成本。业务外包模式引进高校培养学生模式中，将高校自身不具备优势的教学模块、科研模块等与其他高校合作完成，降低成本而且效果明显。

2. 搭建研发平台，提高高校之间研发效率。通过搭建研发交流平台，将高校的相关领域的技术专家汇聚在平台之中，充分利用各高校的资源技术优势，实行强强联合，及时反映市场对人才的需求，激发创造力，利于新技术的研发，也利于培养创造出新的培养学生思维模式，进而降低学科专业的市场退出成本。

3. 联合培养，提高高校的市场竞争力。通过与国内外高校开展联合培养项目，一方面增加学生授课知识范围的广度和深度，更好地适应社会对复合型人才的需求；另一方面加强高校之间的沟通、学生之间的沟通，加强文化、思想的融合，激发创新机制、体制的建立。

七、其他

1. 精简会议，控制会议数量，提高会议质量。坚持精简务实高效的原则，减少各类会议活动，能不开的坚决不开，能合并的尽量合并，能压减的尽量压减。坚持少而精、突出重点的原则，可开可不开的会议坚决不开。坚持开短会、讲短话，力戒空话、套话。开会时间控制在15~30min（大型会议除外）。

2. 加强信息化建设，提高工作效率，降低管理成本。利用OA（办公自动化）等电子化办公系统，加强上下级、同级之间的沟通，促进信息在高校内部得到快捷、方便、灵活地传递。

高校调整成本投入，利用全成本引发驱动效应，优化升级价值链。有效的成本投入来自市场需求。高校作为培养人才的载体，与教师员工、学生、社会共同构成了价值链的全过程。从价值链的全程角度实行资源的优化配置，使成本投入有的放矢，从高校战略角度实现自身的可持续发展。

第十一章　关键成本要素的管理与控制

根据 W 高校的实际案例数据分析得出：人工成本、采购成本、水电费成本、低值易耗品费和固定资产费用五大模块需要进一步明确管理措施，根据成本费用结构、成本性态和成本动因，以及相应地政策法规，本章提出了具体的管理措施建议。

第一节　人工成本费用的管理与控制

培养人才的人工成本费用包括教学型教师成本、辅助教学人员的人工成本和行政管理人员及党群部门人员的人工成本费用。《教育成本监审办法》对教职工人数的规定如下：

"教职工人数根据行政人员比例、定编人数和生师比三项指标先后顺序进行审核，不重复进行。

1. 行政人员比例。行政管理工作人员原则上控制在事业编制教职工人数的 12%～15%（校部党政机构人员编制可按全校事业编制教职工人数的 6%～10% 掌握），高于 15% 则按超比例行政管理人员数、在职教职工人均工资及福利费水平核减支出，低于 12% 不核增支出。

2. 单位定编人数。在校职教职工总数如果突破单位定编人数，则按超编数、在校职教职工人均工资及福利费支出水平相应核减支出，未突破编制不核增支出。

3. 生师比。标准学生与教学人员人数的合理比例（生师比），综合、民族、师范、工科、农、林、语文、财经、政法等院校确定为 18∶1，医学院校 16∶1，体育及艺术院校 11∶1，低于这一比例则按超比例教学人员数、教学人员的人均工资及福利费水平核减支出，高于这一比例不核增支出。

一、人工成本费用管理与控制的原则

1. 在坚持培养人才质量逐年提升的原则下，进行人员数量的控制；

2. 坚持绩效工资与学校的效益（人才产出、科研产出等带来的社会效益）同步增减的原则；

3. 坚持财务考评和管理绩效考评相结合的原则。

二、人工成本费用管控的具体措施

1. 人工成本包括基本工资、奖金、绩效、社会保障费（医疗保险和养老保险及补充养老保险）、住房公积金。

2. 人员控制措施：

① 非教学型岗位人员实行定编的原则。优化流程，减少工作环节，将职能相近、管理幅度较小，管理难度较低的部门进行有效整合；将岗位职责较小，工作量不饱和的岗位进行合并；减少科层职数，在最大化优化人员编配的情况下，设定管理岗位。

② 加强员工整顿，完善淘汰和退出机制。一是进一步加大对长期缺勤旷工、病休、在册不在岗等各类出勤不正常人员的清理整顿；二是进一步加强员工工作管理，对于严重违反工作岗位职责或是校规校纪的人员，经教不改，应及时予以辞退。

③ 加强对临时工和劳务派遣用工的管理。各部门应慎重使用临时工；不得未经批准或超批准计划使用劳务派遣用工。

④ 推进信息化管理，提高效率，减少用人数量。利用现有先进的通信手段，建立统一的交流平台，实现资源共享，提高工作效率，减少用人数量。

⑤ 减少层级结构，推进集中化管理。加强部门业务整合，实行一级机构管理，减少二级等中间管理机构的设置，减少各层级管理人员岗位的设置。通过集中专业化管理，实现资源共享，减少用人，提高工作效率。

三、管理职责分工

人工成本费用的管理归口部门为人事处，各院（系）、部门为协助管理单位。

1. 人事处负责制定人员总量的实施方案和工资管理制度，负责人工成本费用的预算编制工作，对各院（系）、部门下达人员、绩效管理指标，负责对各院（系）、部门人员的在册管理和绩效评价。

2. 人事处负责人工成本的核算工作；财务处负责与人事处进行工资的对账工作，保证人工成本控制指标的有效实行。

3. 各院（系）负责完成人事处下达的教学型教师和各自行政管理人员的指标及落实相应人员的考评。

4. 各行政管理部门、教辅部门、党群部门负责完成人事处下达的各自员工的指标工作，落实人员考评工作。

第二节　采购成本的管理与控制

采购成本包括教材的采购成本、固定资产的采购成本、低值易耗品的采购成本和图书资料的采购成本。国有资产管理处负责固定资产和低值易耗品的采购，各院（系）、部门按照相关程序使用、领用相关资产、材料，并做相应的管理控制。图书馆负责图书资料的采购并制定相应的管理控制措施。

一、采购成本的控制要素

采购的控制点、关键点是采购的质量、价格和库存数量。

1. 采购质量是采购成本控制的重要组成部分，关系到教学质量、学生对所学知识的理解和掌握，甚至影响毕业生质量。采购成本的控制须以质量的保证为前提。

2. 采购价格是关键要素。

3. 库存数量是采购成本控制的不可或缺的要素之一，是配合采购策略调整的重要工具，是调节供需的重要手段。

二、采购成本控制的关键点

采购成本控制的关键节点是供应商管理、计划管理、仓储验收入库管理、出库管理、资金结算管理。

（一）供应商管理

在坚持公开、公正、公平，以及优胜劣汰的原则下，通过招标选择供应商。

国有资产管理处在成本管理中心的监督协作下，每年根据供应商的资质、产品质量、价格、交货期、信誉度，按照优胜劣汰的原则，进行年度综合考评评定。对于发现相关资质及资料伪造的、不按合同履行、产品质量以次充好、虚报价格、行贿采购人员的现象取消其准入资格。

（二）计划管理

国有资产管理处根据采购预算及上年度各部门上报的采购项目进行采

购，采购的资产数量应结合中央或省的相应行政单位资产配置标准要求配置；国有资产管理处应根据工作任务，库存物品的储备定额及实际消耗的统计分析资料，结合当年基本建设投资和经费的可能与库存情况，在认真调查的基础上，统计汇总编制年度购置计划。

（三）仓储验收入库和出库

根据货物送货通知单或配送单验收入库，并将其作为仓库保管员接货的依据。国有资产管理处应与仓库保管员共同验收入库。

资产、货物的出库应做到料单相符，并做好库存收发明细。采购人员做好统计工作，登记台账，避免重复采购。

（四）资金结算管理

根据合同规定，依据实际到货使用明细及销售发票到财务处报销，结清账款。

三、采购质量及对标管理

国有资产管理处应对所采购的资产、物品建立质量跟踪和分析评价体系，在一定的时间周期内做价值分析，将资产、物品的性价比与后续的采购进行挂钩，对于教师评价好，学生受益度高，价格相对低的资产、物品，应给予更多的市场份额。

国有资产管理处对采购的主要大规模的资产、物品，在价格、质量方面与其他高校进行横向比对，同时也与历年采购的资产、物品进行纵向比对，做好系统登记、台账工作，为后续的采购做参考。

四、监督检查与考评：

1. 检查与考评依据：

按校资产、物品管理办法规定。

2. 检查内容：

① 资产、物品采购制度的建立和执行情况；

② 供应商管理情况；

③ 合同签订和执行情况；

④ 资产、物品管理情况：采购订单明细、仓储入库单、出库单、台账、库存明细。

3. 在检查和考评中发现有违规、违反本办法行为的，责令限期整改，不整改或在限期内未整改的，将予以通报批评及相应的惩处。

第三节 水电费的管理与控制

水电费的控制应以节能降耗为重点,有计划、有步骤地实施。

一、机构设置及职责

后勤管理处是水电费管理的一级职能机构,根据成本管理中心下达的成本控制指标,制定具体的水电费管理制度,并实行不定期走动式的检查,对各院(系)、部门进行年末考评。全校各院(系)、部门是水电费管理控制的具体执行机构。全体人员,上从校(院)长下到每一个工作人员(包括临时聘用人员)须将节能降耗落到工作的每一个环节。

(一)后勤管理处的职责

1. 根据各院(系)、部门的教学、办公建筑面积设定各部门的水电费消耗定额,制定校用水、用电管理办法,做好水量和电量的计量和分析考评工作;负责水费、电费结算、手续办理工作。各院(系)、部门将划定的水电费消耗定额纳入成本预算,超出部分,在相应的月度、季度、年度考评中扣分。

2. 组织广大师生关于节约用水、节约用电的宣传教育,制定相应的方针政策和标识,做好全校节能工作,同时做好节能标准制定、宣传、检查和考评工作。

3. 负责全校年度、季度、月度用水用电指标的测定,完善计量手段。定期对全校供水系统进行检查,严禁跑、冒、滴、漏,杜绝私拉乱接。

4. 根据各部门用水、用电情况,积极调查,推广节水、节电设备和措施,建立健全用水用电资料、档案。

(二)各院(系)、部门的职责

将水电费的消耗成本纳入预算,严格按照预算要求支出。负责向本院(系)的师生、部门员工宣传节约用水用电,管理好本院(系)师生、部门员工的用水用电行为,互相监督,发现有浪费水电现象的,给予批评教育,屡教不改则进行经济惩罚。建立水电费使用台账,每月查找预算与实际消耗差别的原因,分析原因并查缺补漏。

二、校区域水电管理

(一)教学楼宇

后勤管理处根据教学楼宇的建筑面积分配教学楼水电定额消耗指标,由教学楼的管理员负责指标的管理。管理员应检查公共厕所、教室用电情况。及时关掉公共卫生间的水龙头，发现漏水现象应立即上报后勤管理处维修。原则上白天禁止开灯，夜间上晚自习的学生人数不足教室容量的一半时，应整理合并学生到一个教室。晚自习结束后，管理员应及时关闭电源。

（二）学生公寓区

学生公寓的水电管理坚持定额管理的原则，即每生每月免费提供一定额度的水电用量。超过定量额度后，由学生自行承担。水电的抄表工作坚持公开透明原则，由学生宿舍管理委员会参与抄表工作。学生宿舍禁止私拉乱接电线，严禁使用电炉、电热杯、热得快、电饭煲、微波炉、取暖器、电热毯和电炒锅等高功率电器。如有违反规定者，除没收违章电器外，情节严重者按有关规定处理。学生宿舍注意节约用水用电，做到人离灯熄，人离水关，杜绝"长明灯、长流水"现象。如发现水电设施损坏，应及时登记报修，电气设施不得擅自修理或拆卸。

（三）员工住宿区

员工宿舍水电费由员工自行负责。后勤管理处应及时更新宿舍员工人员名单，每个宿舍设宿舍长，负责各宿舍安全用水用电管理，同时检查用电设备是否存在安全隐患，对检查出来的安全隐患要及时清除并及时反映给后勤管理处。各宿舍必须严格遵守用电管理制度，严禁各宿舍人员私自更改用电线路，严禁使用超大功率电器，否则按照相关管理制度进行处罚，造成责任事故的，责任方承担全部责任并赔偿相应的经济损失。员工应节约用水用电，如有发现出门不关灯、不关空调者，将严肃处理，并对责任人进行警告，给予经济罚款；给予宿舍长罚款处罚，造成安全事故的，由责任人承担全部责任。

（四）行政办公区域

行政办公区域的各部门依据建筑面积分摊水电费的消耗定额指标。工作人员应节约用水用电，原则上白天不开灯，下班后关闭电脑电源及其他办公设施。夏天室内温度气温30℃以上，空调温度设置在26～28℃。人离灯灭，如发现出门不关灯、不关空调者，将严肃处理，并对责任人进行警告，对部门的相应考评月份上给予处理。

第四节 低值易耗品的管理与控制

根据《高等学校材料、低值品、易耗品管理办法》及《高等学校会计制度》，物品包括教学、科学、生产、基本建设和行政等各方面使用的不属于固定资产的物资。其中低值品是指凡不够固定资产标准又不属于材料范围的用具设备，如：低值仪器仪表、工具量具、科教器具等。易耗品指玻璃器皿、元件、零配件、实验小动物等。

《高等学校材料、低值品、易耗品管理办法》（以下简称《办法》）明确了低值易耗品的管理制度，根据《办法》规定，应用型本科院校的低值易耗品做如下控制。

一、管理机构及职责

1. 国有资产管理处为低值易耗品的一级管理部门，应建立详细的低值易耗品的管理制度，保证科学管理及妥善使用，防止积压浪费，保证教学、科研、生产、基建及行政等工作的顺利进行。

① 根据统一领导、分工管理、专人负责、合理调配、节约使用的原则加强对物品的管理；本着集中、方便领取的原则设立物资库房。

② 物品的供应管理工作，应根据工作的特点和物品的不同性质，区别对待。对贵重、稀缺的物品应严格管理；对价值小、数量大的一般物品，应简化手续，达到既加强管理又便于使用的目的。必须建立严格的物品管理责任制度，对物品的计划、购置、保管、使用和回收都要有人负责，做到验收严肃认真，进出手续清楚，账卡记录健全，定期核对检查，保持账账相符，账物相符。

③ 应配备政治思想好，并具有相当业务能力的人员担任物品供应管理和会计工作；并加强对他们的政治思想教育和业务培训，使他们能够熟悉工作要求，改进服务态度，提高服务质量。物品供应管理人员，应该力求稳定，如必须调动人员时须认真办理交接手续。

④ 对全体师生员工进行勤俭节约、爱护公共财物的教育，自觉地管好、用好各项物品，反对一切铺张浪费的行为。定期开展对物品使用情况的检查评比工作，对成绩显著的人员，应该表扬与奖励。对工作不负责任或违反制度的失职人员，应该根据情节轻重及本人对错误认识程度，给予适当的批评或处分。

2. 各院（系）、部门是低值易耗品的二级管理机构。应设立专（兼）人管理，建立低值易耗品使用台账。

二、计划及购置

1. 国有资产管理处应根据工作任务，库存物品的储备定额及实际消耗的统计分析资料，并结合当年基本建设投资和经费的可能与库存情况，在认真调查的基础上，统计汇总编制统配年度购置计划。国有资产管理处会同财务处（含成本管理中心）、审计处，按照物品用途，分别列入学校年度基本建设投资和财务计划，提请校（院）长批准后，报请上级主管部门审查，根据国家物资供应渠道组织订货。基本建设所需的材料申请计划，按上级下达的控制指标编报。三类物资可根据市场货源情况与工作需要，编制较短期的物品购置计划，编审程序由学校自行规定。

2. 物品的采购应按照批准的计划由国有资产管理处专职采购人员进行。急需的零星、专用物品需要发生时编制预算，经部门正职、分管领导审批后办理报账手续。经审批后的预算作为财务报账依据。

3. 物品入库前必须及时认真组织验收，办理入库手续。对贵重、稀缺和进口物品，使用单位应指派有经验的人员协助保管人员进行验收。验收时必须注意质量的检查。验收中发现问题应即根据有关规定向供货或运输单位提出，及时办理退、换或赔补手续。

三、库存物品的管理

1. 国有资产管理处应本着实事求是、严格控制的精神，逐步推行库存物品定额储备制度。储备定额应经校（院）长批准，报上级主管部门备案。

2. 国有资产管理处加强对物品的质量管理，严防损坏、变质、丢失。库房物品的保管应该科学化，做到定位存放，存放有序，零整分开，账物对号，便于收发和检查，对贵重稀缺物品应加强集中保管，精确计量和记载，并应定期进行查对。

3. 物品的领发制度应根据不同情况，区别对待。领料计划应根据实际需要，认真核算，计划外临时需要可临时申请审批。对贵重稀缺物品的领用应从严审批。一般物品的领用，尽量简化审批手续。领用低值品应尽可能以坏换新。仓库要做到物品领用方便、保证急需，并逐步实现送货上门。

4. 使用单位对多余不用的物品，应办理退库手续。退回仓库前必要时应经质量鉴定。校、（院）系库房对使用单位无法利用的残次、废旧物品和包装材料应按具体情况组织回收，尽理整修使用，改制利用、变价出售和调剂处理。

四、在用物品的管理

使用单位对在用物品应建立定期抽查制度，并定期进行一次全面清查，清查结果报国有资产管理处审核备案，并及时调整留用量和有关账簿记录。

五、危险物品的管理

1. 对易燃、易爆、剧毒、放射性及其他危险物品，必须指定工作认真可靠并具有一定保管知识的专人加强管理。要经常对提运、使用和管理人员加强安全教育，采取必要的劳动保护与安全措施，保证人身和物品安全。

2. 危险物品的采购和提运应严格遵照公安部门和交通运输部门的有关规定办理。危险物品的保管应按照有关储存管理规定的要求设立专库，分类存放，并应建立经常的安全检查制度，防止因变质、分解造成自燃和爆炸事故。

对剧毒和放射性物品必须加强集中保管，精确计量和记载，严加保卫，注意存放安全，学校保卫部门应经常予以指导和检查。

3. 危险物品的领用必须专人审批，限量发放。对剧毒物品的使用过程应予严格控制和监督，对其领、用、剩、废、耗的数量必须详细记录，用剩的及时退库。危险物品的空容器、变质料、废液渣滓应予妥善处理，严禁随意抛弃。

六、账务处理

1. 学校物品账卡的设置，应按适当集中掌握、分级负责管理的要求管理，尽量避免不必要的重复，做到口径一致，以便查对和分析。

各部门设账卡要求如下：

① 国有资产管理处应按《行政事业单位预算会计制度》规定的有关科目分别设置总账和一级分类分户账，对各类物品的增减变化进行金额记录。

② 国有资产管理处应设置与财务部门对口的一级分类账进行金额记录，并设置二级分类分户账，进行有数量有金额的记录。院（系）、部门应设置与国有资产管理处对口的二级分类账。

③ 库房都应设置有品名、数量、单价的物品明细账（卡），按照品种，规格型号，质量级别，对库存各类物品根据有关凭证及时进行增减记录。

④ 基建材料的账目设置及账务处理，须根据"基本建设简易会计制度"的规定处理。

2. 国有资产管理处统一规定物品账卡和收支单据。一切单据都必须有负责人、制单人和其他有关人员（如验收人、发料人）的签章。账（卡）及凭证单据必须妥为保管，不得任意涂改。账（卡）销毁应按财政部的规定办理批准手续。

账务处理的手续如下：

① 保管和记录的人员在接收和开始使用账（卡）时，要在启用页上签字注明开始日期；账（卡）交接必须严格，要由经手人和监交人签章，并注明交接日期。

② 购入和调入的物品，由经手人分别填写入库单办理验收入库手续后，向国有资产管理处和财务部门报账。

③ 使用单位领、退物品，应分别填写领料单或退料单。各院（系）、部门应将库房物品的进出数量和金额，按月填报国有资产管理处，由国有资产管理处审查汇总后转报财务部门（只报金额）。

④ 报损、报废、调出校外物品，须报国有资产管理处和财务部门处理有关账户。价拨校外的物资，统一由学校财务部门办理收款，作自动增加"拨入经费处理"。

⑤ 库房应经常对有变动的物品进行抽点，每年必须进行一次全面盘点；盘盈盘亏须报经校（院）长批准，经财务部门签证后才能调整有关账（卡）。

⑥ 各院（系）、部门应定期与库房核对账、物情况，国有资产管理处每年应与财务部门至少对账一次，做到账账相符。

3. 考评。每年年终，国有资产管理处对各院（系）、部门所进行考评。对在申请购置、使用管理、保养维修等各项工作中成绩优秀的单位和个人，予以奖励；对严重失职者要依情节轻重，依法追究当事人及负责人的责任。

第五节　固定资产的管理

高校固定资产指使用期限超过一年，单位价值在1000元以上（其中，专用设备单位价值在1500元以上），并在使用过程中基本保持原有物质形态的资产；单位价值虽未达到规定标准，但是耐用时间在一年以上的大批同类物资。具体包含六大类：房屋及构筑物，专用设备，通用设备，文物及陈列品，图书、档案，家具、用具、装具及动植物。

一、固定资产管理机构

1. 学校成立固定资产管理领导小组,组长由校(院)长担任,副组长由分管国有资产管理处副校(院)长担任,成员由校长办公室、国有资产管理处、财务处、发展规划处、后勤管理处、校园规划建设处等部门负责人组成。固定资产管理领导小组是学校固定资产管理的监督和决策机构,统筹全校固定资产管理制度建设、产权界定、资产配置、资产使用、资产管理、有偿使用等工作;协调督促各级资产管理部门贯彻落实管理职责;监督检查学校的固定资产管理工作;决定固定资产管理中的重大事项。

2. 国有资产管理处为固定资产的归口管理部门,负责全校仪器设备、家具、图书、校属房屋及构筑物等固定资产的综合管理,定期组织各部门资产管理员进行业务知识的培训,对固定资产管理情况进行指导、检查和考评。各院(系)、各部门负责各类固定资产的使用和日常管理,纪检处参与全校资产管理全过程的监督管理,内部审计部门对国有资产管理处等部门年终审计,审核账、实物等价值对等工作。

二、资产管理与预算管理相结合

固定资产管理应当坚持"资产管理与预算管理相结合"的原则。各院(系)、部门应在每年规定日期根据本部门发展规划、相关资产配置定额及固定资产(存量、使用)状况、安装条件及运行环境要求等情况,向相关职能部门提出下一年度的固定资产购置申请,其中单批在10万元以上(含10万元)的固定资产,应同时提交可行性论证报告,并认真填写相关申报表。相关职能部门应组织专家对各部门固定资产购置申请进行审核,并报学校审批。国有资产管理处根据学校审批意见,编制学校固定资产年度购置计划。财务处根据学校审批意见,将固定资产年度购置计划纳入下半年预算。

三、管理范围及职责

1. 国有资产管理处:

① 应建立健全各项管理制度,科学、合理配备及有效使用固定资产,提高固定资产使用效率,确保固定资产的安全和完整。

② 运用现代化信息技术,逐步建立固定资产管理综合信息平台,实现固定资产管理信息化。

③ 应本着充分利用学校办学资源的原则,在校内调剂长期闲置、低效

运转、超标准配置、因技术落后淘汰但尚可使用的固定资产。

④ 固定资产的外借、出租应经固定资产管理领导小组批准同意，并报上级部门批准。

⑤ 必须设置固定资产登记簿和固定资产卡片，按照固定资产类别、项目和使用部门等进行明细核算。出租、出借的固定资产，应当设置登记簿进行登记。对专用设备、通用设备分类编号，并以分类编号（编号必须是唯一编号）为基础、按使用单位设置账簿，坚持管账与管物分离的原则，做到账实相符。

⑥ 每月编制固定资产折旧情况表上报财务处，提高资产的利用率。应当每年定期盘点一次固定资产，对于发生的固定资产盘盈、盘亏或者报废、毁损，应当及时查明原因，按规定报经批准后进行账务处理。

2. 各院（系）为各类实验仪器、设备、各类系统、电子设备及办公家具的管理部门，应严格按照资产使用要求及制度规定进行日常管理，设有专（兼）人管理。使用固定资产时应摆放整齐，定期清理，并建立资产管理台账，标明所用各类固定资产的使用人、时间、用途、数量、状态等，及时了解各类资产的消耗情况。

建立健全专用设备的操作、维修、保养、检验等管理制度。管理技术复杂、精密度高的仪器设备的操作人员，应经考评合格后，方可上岗。强化作业现场管理，杜绝丢失、流失、损坏现象的发生。同时搞好回收复用管理，提高利用效率，合理控制投入。对于回收不能复用的仪器设备等固定资产，应交由国有资产管理处管理。

3. 各部门是电子设备及办公家具等固定资产的使用者，负责本部门固定资产的日常管理，建立本部门固定资产明细账。

① 部门行政负责人对本部门固定资产管理工作负责，配备思想素质好、责任心强的专（兼）职资产管理员，确保所辖固定资产的安全、完整。

② 资产管理员要力求稳定，定期参加学校组织的培训会，工作发生变动时必须完备交接手续，并报国资处备案。

③ 建立固定资产管理台账，注明所用各类固定资产的使用人、时间、用途、数量、状态等，及时了解各类资产的消耗情况。杜绝丢失、流失、损坏现象的发生。

四、资产购置

各院（系）、部门在资产购置时，应根据预算中的固定资产购置计划项目，填写资产购置申请表，经院（系）、部门领导审核、分管领导审批后提交国有资产管理处进行采购。国有资产管理处在采购前应严格按照标准配备资产。

五、资产分析

各资产管理单位在资产清查结束后，应对各自清查情况进行年度分析总结，并将分析报告报国有资产处。

六、资产处置程序

1. 资产使用部门向国有资产管理处提出资产处置申请，同时根据不同情况提交有关文件、证明材料；
2. 国有资产管理处将资产处置资料核实并上报固定资产管理领导小组；
3. 国有资产管理处负责人召集资产处置会，商讨资产处置事宜；
4. 国有资产管理处根据会议精神下发处置意见；
5. 报废仪器设备收回的残值，应根据《高等学校财务制度》《高等学校会计制度（试行）》规定，纳入学校年度设备经费。

七、资产考评

每年年终，国有资产管理处对各院（系）、部门所管仪器设备、办公资产等固定资产管理情况进行考评。对在申请购置、使用管理、保养维修、技术改造等各项工作中成绩优秀的单位和个人，予以奖励；对严重失职者要依情节轻重，依法追究当事人及负责人的责任。考评范围包括各类固定资产的闲置及利用情况，采购价值，设备设施的保存、管理情况，台账的设立及更新情况，固定资产管理制度的建立、完善等。

第十二章　期间费用的管理与控制

与培养学生性成本相对应的是期间费用，是高校管理部门在一定时期内为组织和管理学校日常事务等活动而发生的费用，包括校管理费用、财务费用、其他各部门发生的与培养学生成本无直接关系的各种费用。新形势下，高校实行全成本管理，并不是一味地"紧缩"期间费用，而是通过提高管理方式方法、采取相关措施，达到降低各种费用开支、降低成本的目地，积极应对严峻形势的挑战。

第一节　期间费用的管理与控制

一、期间费用的开支原则

1. 费用指标限额原则；
2. 费用支出纳入预算管理原则；
3. 严格按照开支标准执行原则；
4. 厉行节约原则；
5. 大额开支和特殊事项上划定审批权限原则；
6. 公务卡结算原则。

二、期间费用的内容

1. 九项费用：办公费、邮寄费、差旅费、公务用车购置和运行维护费、会议费、公务接待费、物业费、其他后勤费用、电话费。
2. 间接性的维修（护）费：非教学设备、设施的修理费；房屋建筑物的维修（护）费。
3. 间接性成本项目工程：各类装修工程、绿化工程等。
4. 其他与培养学生无关的费用开支。

三、期间费用的管理部门

期间费用由成本管理中心负责进行日常管理，具体负责：
1. 制定校期间费用的管理方针、政策；
2. 编制、审核年度期间费用的限额指标；
3. 期间费用的日常检查、考评、通报和分析；
4. 提出改进、压缩期间费用的措施。

四、期间费用的管理

1. 九项费用中，日常费用由各个部门归口管理。公务用车购置和运行维护费、会议费、公务接待费由校长办公室管理。物业费、其他后勤费用由后勤管理处归口管理。

九项费用实行限额管理，限额指标按各部门上年实际费用及参考历史费用后压缩确定，各部门按照压缩后的限额指标进行管理。

2. 对于超过规定标准的间接性维修（护）费、间接性成本项目工程（如各类装修工程、形象工程、绿化工程）由发展规划处统一收集、整理，定期上报校（院）长，经校（院）长决定后方可实施。

3. 对于其他与培养学生无直接关系的费用支出，应全部纳入预算管理体系，并经校预决算委员会小组通过后方可执行。预算外的期间费用须经校预决算委员会小组通过、校（院）长审批后方可执行，无预算的期间费用财务处不得列支。

五、监督与检查

1. 成本管理中心应完善期间费用的管理，每月编制报表，各部门应按规定据实填写，并逐月上报。

2. 成本管理中心对各部门的期间费用的使用情况、限额指标完成情况、管理措施执行情况进行检查、公示。

3. 对期间费用实行双重管控，一是压缩使用金额，二是限额使用与部门负责人的绩效工资挂钩。将部门所属期间费用的使用情况纳入部门年度考评中，对于年度考评不合格的部门，对部门负责人下年度的绩效工资进行核减。

六、各项费用的具体管理

（一）公务接待费、会议费、电话费、差旅费

公务接待费、会议费、电话费、差旅费严格执行会审报账制度，按照规

定的程序和要求严格审查，不符合规定的财务部门不予报账。

1. 公务接待费、会议费：公务接待费、会议费由校长办公室管理。《教育成本监审办法》规定："招待费审核标准，地方管理高校为'当年公用支出总额（扣除招待费和维修（护）费）的2‰'，中央（部门）管理的高校为'当年公用支出总额（扣除招待费和维修（护）费）的1‰'。超出的要进行核减，未突破的不核增。"

校长办公室应严格控制标准，合理使用费用，严格执行会审制度。学校各级干部和部门不得以任何名义在召开校内部会议期间摆放鲜花、香烟、水果、矿泉水，任何人不得随意提高接待标准。校长办公室年初按照学校指标将公务接待费、会议费费用指标分解到校班子成员控制，每月及时反馈成本所辖部门两项费用指标使用情况，使班子成员每个人都能及时掌握费用指标使用情况，主动控制费用支出。外出参加各种会议，严格执行审批制度，报账前严格执行会审制度，未经分管领导批准，任何人不得私自参加外部组织的各种会议，财务处不得报销其会议期间发生的任何费用。

2. 电话费：校长办公室要对电话实施有效管理，严格核定电话部数，按照话费标准考评。充分利用内部电话专线和信息化手段，降低电话费。

3. 严格执行出差审批制度，所有人员未经分管领导批准一律不得私自外出。各部门人员出差或外出培训前，出差人员必须详细填写"出差（学习）申请审批表"，部门领导同意、分管领导批准后携带有关文件（通知）到财务处咨询出差注意事项。外出回来要对费用严格执行会审报账制度。差旅费报销标准依据文件规定执行。未经批准不得超标准住宿、乘坐交通工具，不得利用因公外出的机会私自改变路线或绕道旅游，对违反规定的财务部门一律不予报销或按照规定标准报销费用。

（二）办公费

1. 办公用品：成本管理中心对办公室下达指标，并对其进行总体考评，由校长办公室负责全校办公用品的管理控制，并对各部门发放办公用品，同时应制定办公用品发放标准和程序，完善领用手续，建账管理，不得超支。

属于校长办公室管理的日常办公用品（文具、纸张、本、笔、订书机和针、计算器、纸夹、资料盒、墨盒、鼓等），由校长办公室按照校月度成本计划编制办公用品预算（计划）经办公室正职、分管领导审批后由国有资产管理处组织采购，但不得超支。对非正常发放或其他特殊限制类办公用品必须经分管领导审批、校（院）长审批后方可采购发放。经审批后的预算作为财务报账依据。

2. 印刷费：校长办公室要控制印刷数量及质量档次，所有打印资料纸张全部实行双面打印。资料原则不得打印硬皮（除规程外），尽量减少不必要的印刷，减少纸质类打印，逐步推广使用内部网络传阅功能，实现无纸化办公，降低印刷费支出。各部门需要印刷材料时，编制预算经本单位正职审批后报办公室审核印制，由校长办公室控制费用。

3. 报刊费：校长办公室要控制报刊订购数量和种类，不得订阅无实质意义的报刊。发生时，经单位正职、分管领导审批后办理报账手续。

（三）杂品费

国有资产管理处按照下达的控制指标，办公桌椅等能复用的，要制订具体的复用计划，能使用旧办公用具的要先使用旧办公用具，不得购置高档办公用具。要制定发放标准和程序，完善领用手续，建账管理，不得超支。

对日常杂品（墩布、扫帚、文件柜（箱）、普通桌椅、干洗液、洁厕净、烟灰缸、纸篓纸抽、纸杯、洗洁精等），由校长办公室按照校月度成本计划编制办公用品预算（计划）经单位正职、分管领导审批后由国有资产管理处组织采购，但不得超支。对非正常发放或其他特殊限制类杂品必须经分管领导审批、校（院）长审批后方可采购，否则不予报账。经审批后的预算作为财务报账依据。

（四）宣传费

宣传部负责对宣传费的总体控制管理，严格执行预算审批制度，减少无实质意义的牌板和宣传项目，降低费用标准。需要发生时，编制预算，经单位正职、分管领导审批后办理报账手续。经审批后的预算作为财务报账依据。

（五）物业费

后勤管理处加强对物业费的管理，出台考评管理办法。严格按照校要求落实，降低费用投入。需要发生时编制预算，经单位正职、分管领导审核方可发生。经审批后的预算作为财务报账依据。

（六）公务用车购置和运行维护费

校长办公室严格车辆管理，执行出车审批登记制度，不得公车私用，长途出车一律经分管领导批准后方可外出。严格执行集体乘车制度，3名以上人员办公或参加各种会议要集体乘车；对于违反规定的部门和个人，不予派车；凡同一方向、同一时间的尽可能同乘一车，提高车辆利用率和办事效率。严格交通安全管理，加强车辆维护保养，严禁车辆高档装潢，减少修理费用。对车辆维修、装潢及更换轮胎等配件要严格执行预算审批制度，需要发生时编制预算，经单位正职、分管领导审核方可发生。经审批后的预算作为财务报账依据。

（七）其他后勤费

为提高后勤服务质量，学校预留一定的年度预算后勤服务资金。资金在财务处单独建账，专户管理，后勤管理处是费用的归口管理部门。后勤管理处应形成详细的财务收支报表接受年度审计。禁止故意混淆服务范围和以拨付资金冲抵服务收入性质的现象，一经核实，除核减相应经费外，还要处以一定的经济罚款。内部审计监督部门、纪检处与后勤管理处、财务处对资金运行情况进行日常监管。

第二节 其他费用的管理与控制

一、水电费

水电费由后勤管理处负责控制管理，后勤管理处要制定用水电管理办法，加强用水电日常检查，杜绝长流水、乱用电的观象，确保完成指标。

二、限额指标项目

（一）福利费

福利费总指标由成本管理中心实行限额控制，由人事处牵头落实限额指标，在限额指标内控制，不得超限额发放。

卫生保健费、独生子女费、托幼费、住房补贴等政策性福利支出严格按照国家和省教育厅有关政策、规定、标准执行，各相关职能部门、财务处和人事处要加强管理，认真核查发放的范围和标准，杜绝超标、超员、违规支出的现象。

（二）非政策性福利支出

离退休人员统筹外费用由工会管理，属于政策性支出，按相关规定执行。学校根据需要对退休人员组织活动发生的支出，由工会编制预算，经单位正职、分管领导审核、校（院）长审批后发生。大型活动支出还须经校党委会决定。

三、职工体检费

由工会进行限额管理，需要发生时，经校党委会会议通过后，编制预算,经单位正职、分管领导审核,经校(院)长审批方可发生。

四、薪酬其他

由成本管理中心限额总体管理,工资及住房公积金由人事处管理。

劳动竞赛由工会限额管理,需要发生时编制预算,经单位正职、分管领导审核,校(院)长审批方可发生。其他奖励需要发生时,经校党委会会议通过后,编制预算,经单位正职、分管领导审核,经校(院)长审批方可发生。

五、委托业务费

委托业务费指因委托外单位办理业务而支付的委托费,如审计费等。需要发生时,编制预算,经单位正职、分管领导审核,经校(院)长审批方可发生。

六、警卫消防费

成本管理中心对保卫处下达限额管理指标,保卫处要加强警卫、消防器材管理,杜绝人为损坏,按照规定配置。严格执行预算审批,发生时编制预算,经单位正职、分管领导审核,经校(院)长审批方可发生。

七、其他人员支出

人事处要对使用其他人员支出严格控制,加强定员管理,减少外用工,按照核定标准结算费用,降低费用发生。

八、取暖费

后勤管理处要加强与供电单位的协调,核实用量,确保按照限额指标发生。严格执行预算审批,发生时编制预算,经单位正职、分管领导审核,校(院)长审批方可发生。

九、维修(护)费

后勤管理处合理安排资金,要严格管控维修(护)的工程,加强工程项目审核,降低费用标准。需要发生时,按照工程管理规定在限额内发生,超限额要经校党委会议核增指标。

十、财务费用

财务处要合理安排资金，按照工资和安全生产优先、税费及重点工程项目推进等资金需求优先原则安排资金。按照每月资金平衡安排支付资金，减少资金占用，降低利息费用，统筹安排费用项目，减少各种手续费，降低财务费用。

十一、税费

按照国家相关标准缴纳。

十二、其他费用

由成本管理中心限额管理，严格审核。需要发生时编制预算，经单位正职、分管领导审核，经校（院）长审批方可发生。

第六篇
全成本的监督管理

第十三章　全成本控制的监督和分析

为了强化成本管控，严格落实各项成本管控措施，规范管理程序，减少管控环节漏洞，杜绝丢失浪费现象，降低成本费用支出，成本管理中心及校各单位应在成本费用管控的过程中进行监督管理。

第一节　成本监督

一、成本监督内容

各项成本管控制度的落实情况；各类资产的修理运行及修理质量情况；用水、用电等节能降耗措施落实情况；固定资产、低值易耗品等回收复用、修旧利废情况；现场成本管理情况；物资出入库及库房管理情况；各分级单位成本管控制度、指标落实、措施制定及执行、考评分析及财产账簿等成本管控情况；内部控制建设情况；信息化建设情况及其他隐性成本是否存在浪费的情况。

二、成本督查方式

成本监督采取院（系）、部门自行检查和联合监督两种方式。

自行检查和联合监督内容标准依据成本管理中心下发的成本指标控制文件、院（系）、部门的各类成本管控制度文件执行，严格对照业务工作要求检查，并按照文件考评规定执行。

1. 联合监督组的组长由校（院）长，副组长由副校（院）长、副书记担任；成员由分级单位的正职组成（每次抽调的成员由成本管理中心组织召集）。

2. 监督组下设督查办公室，办公室设在成本管理中心，负责督查管理工作的具体落实，包括督查召集、问题统计及考评通报等工作。办公室主任由成本管理中心正职担任。

3. 联合监督组每月或每季不定期实行现场成本管理考评。

三、检查标准

1. 自行检查和联合监督内容标准依据成本管理中心出台的各类成本管控制度文件执行，严格对照业务工作要求检查。

2. 督查办公室要积极组织联合督查。各督查小组应按检查内容和次数及时把检查结果报送督查办公室。督查办公室应将督查考评结果进行通报。成本检查及考评资料注意保存，以备核查。

四、现场成本管理考评

现场成本管理考评由联合督查组实行现场成本走动式管理检查考评。走动式管理检查考评针对现场走动管理中发现的问题直接问责部门责任人，同时核减当月考评管理绩效。

现场成本管理实行岗位责任制。进一步增强每个岗位的责任意识，解决现场成本管理过度依靠少数成本管理人员而导致现场成本管理无法动态持续运转的问题。

第二节 绩效指标完成情况分析

建立健全绩效指标分析机制对于全成本管理控制体系有着重要作用。建立管理分析例会制度。每一会计期末（月末、季末、年末），各院（系）、部门要对本单位各项绩效指标的完成情况进行分析，各指标分管副校（院）长、副书记要对分管业务的绩效预算完成情况进行分析，成本管理中心要对全校绩效预算完成情况进行分析。要写出书面分析材料，分析超降原因、查找管理中存在的问题、制定整改措施并认真落实。

1. 各院（系）每会计期末召开一次管理分析会，根据指标完成情况和成本费用预算执行情况及时进行分析。分析可采取全面分析、重点分析等形式，查找管理中存在的问题，有针对性地提出切实可行的整改措施，并严格落实整改。分析会要有分析记录。参加人员包括院（系）正职、教学督查人员、实验室管理人员及其他相关人员。

2. 各部门每会计期末召开一次管理分析会，根据指标完成情况和成本费用预算执行情况，及时进行分析。分析可采取集中分析、个别分析、全面分析、重点分析等形式，尤其要通过对标管理查找出管理短板，分析问题存在的原因，有针对性地提出切实可行的整改措施，并监督各部门严格落实。分析会要有分析记录。参加人员由部门的全体人员。

3. 成本管理中心每会计期末组织召开一次管理分析会，及时对绩效指标、成本指标的执行情况进行分析。分析可采取集中分析、个别分析、全面分析、重点分析等形式，尤其要通过对标管理查找出管理短板，分析问题存在的原因，有针对性地提出切实可行的整改措施，并监督各部门严格落实。六月份、七月份的月度管理分析会合并进行，12月份和1月份的月度管理分析会合并进行。分析会要有分析记录，做到有分析、有整改落实、有考评。参加人员校（院）长、成本管理中心全体人员、分管副校（院）长、副书记，各院（系）、部门的正职及相应的成本管理人员。

4. 年度经营分析会按校确定时间召开，按要求组织分析材料。

第三节 对标管理

对标管理是1979年由美国施乐公司所创。起初，人们将对标视为一种调查比较的基准方法，即利用对标方法寻找自己与其他企业的差距。后来，人们将对标演化成寻找最佳案例、标准，用以加强企业内部管理的一种方法。如今，对标管理已经成为企业最受欢迎的第三大战略管理方法。对标管理是指对照标准提问题、对比标杆找差距，不断寻找和研究最佳管理实践，不断改进并赶超一流，创造优秀业绩。

为了更好地落实全面成本管控工作，对各项指标完成进行量化对标，及时发现管理差距，分析原因，采取针对性措施，弥补不足，改进工作，营造赶先进、比先进的良好氛围，提高校整体管理水平，高校应实行对标管理。

一、对标管理的原则

1. 与战略目标相契合；
2. 结果与过程并重，指标与管理兼备；
3. 狠抓落实，注重实效；
4. 立体对标，全员参与；
5. 动态调整，持续改进。

二、对标管理的过程

对标管理应遵循立标、对标、达标、创标的实施循环。

立标：即选定标杆，选择最适合自身情况的标杆对象。

对标：即标杆比较，通过数据分析，明确差距，找到改进目标，制定改进措施。

（一）立标与对标的实施步骤

1. 制订对标计划，确保对标计划与本校战略一致。

2. 建立对标团队。

3. 通过制订调查计划、组织调查研究活动、收集信息、整理信息、分析总结，客观判断与标杆对象差距，如关键指标、指标差异、影响因素、影响程度等，研究标杆对象在规模与价值创造、内部运营、人力资源、财务管理、信息资本、组织资本等方面的差距，并分析产生的原因，提出改进措施，撰写标杆比较分析报告。

4. 以实现标杆目标为重点，将对标责任落实到人，改进工作流程，完善管理目标。

（二）达标

即最佳实践，按指定的改进措施与实施方案，全面实施改进工作，并评估结果、总结经验，形成最佳实践并推广应用。

通过学习最佳实践方法，在改进提升过程中，不断总结成功经验，归纳提炼自身最佳实践经典案例，反复提炼形成最佳实践标准方法并推广应用，成为解决某一问题或完成某项任务的最佳方案。

（三）创标

即持续改进，在最佳实践基础上，总结评价对标工作效果，持续开展对标工作，在实践中不断提高、创造新的最佳实践，推动实现达标、超标、创标目标。

（四）创标的实施步骤

1. 改进和完善对标管理指标设定。

2. 对标管理实践检验和相关考评。

3. 对标管理指标分析和执行情况分析。

4. 总结和评价对标管理实施效果。

5. 开展新的对标管理工作。

对标管理过程如图 13-1 所示。

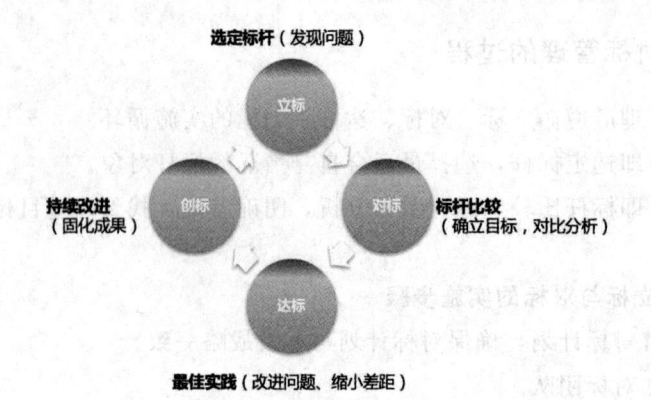

图 13-1 对标管理过程图

三、对标管理的组织机构设定

成立以校（院）长为组长的对标管理领导组，下设办公室，办公室设在成本管理中心，负责协调相关部门的对标管理日常工作。参与对标的单元为院（系）、各部门及三级科室、各岗位。各部门要成立相应组织机构，明确负责人，完善数据库，及时上报对标数据，积极开展对标管理，选定对标单元和对标指标，发现问题，查找分析原因，制定针对性措施。

四、对标管理的指标和标准值

对标指标主要指培养学生性指标、费用指标、其他可比性指标。

设置标准值，标准值分四部分，分别是本期计划指标值、同期指标值、历史较好值和行业平均值。建立数据库，确保各类数据信息及时、准确，指标口径衔接一致。每年对数据库进行动态更新，实现数据共享。

学校和各部门逐步完善对标管理，增加对标单元，核增对标项目，扩展对标标准值，逐步推进对标管理工作。对标管理要口径一致，进行风险提示分析，建立考评通报制度，确保各项指标取得较好效果。

第七篇
全成本绩效考评

第十四章　高校绩效考评体系的构建

绩效考评是加强成本费用控制，提高管理效率的有效手段。绩效考评本质上是将高校管理的重心，由单纯的成本费用控制转向对费用支出过程和结果的关注，统筹安排资金，提高资源利用效率，调动全员参与，是提高高校管理的一种手段。

第一节　考评的意义及坚持的原则

考评旨在对高校各部门成本控制的执行效率和成果的考核评价。考评对象主要为高校的管理业绩和成本控制的执行者。绩效考评是激励成本控制的必要措施，通过预算和对成本目标的细化分解与激励措施的实施，达到"成本控制有目标、执行有监督、完成有评价、评价有反馈、反馈有效果"的目的。

一、考评的意义

绩效考评是预算管理的事中和事后考核，在整个预算体系中占有重要地位。绩效考评是动态的、不断调整变化的。在预算执行过程中，各部门的负责人对执行结果考评的确认及反馈，可以使高校最高管理者对整个预算体系进行实时、动态的把控，利于其对整体效益进行评价。

全成本控制所设的指标方方面面，绩效考评的首要目标就是使全成本的目标实现。

1. 成本控制目标确定并细化分解后，贯穿高校工作的始终，具有很强的约束力。在预算执行过程中，决策者对预算执行情况与预算差异进行实时确认，及时纠正，避免资源浪费，确保全成本目标的有效实行。

2. 绩效考评是对预算执行者业务绩效评价的重要依据。对成本目标的层层分解，逐级细化，使高校每名员工都有目标，以预算为手段，使目标与执行中的业务活动相一致,评价执行者的执行成果和效率,确定员工责任感。

3. 绩效考评增强了执行者的成就感,是比较客观、合理和公正的激励机制。绩效考评通过对预算执行者的执行成果进行评价,具有很强的激励作用,将工作成果与奖惩进行挂钩,使高校对执行人员的工作成果给予认可,增强执行者的成就感,增加工作的主观能动性。

二、考评原则

1. 坚持以指标控制为指引,效率提升为引导的原则,降低消耗,提升管理效能。
2. 坚持师德师风一票否决原则。
3. 坚持年度考评与奖惩激励挂钩的原则。

第二节 考评体系构成

绩效考评是一种考评制度体系,旨在通过一定的考评方法,考评者依据一定的绩效标准,对员工的工作完成情况、工作职责的履行情况等进行考核和评价,并将评定结果反馈给员工,利于其改善员工工作表现,进而实现经营目标。考评的结果应给予奖惩兑现,体现在工作反馈、报酬管理、职务调动等。科学合理的绩效考评体系包括考评主体、考评层次、评价指标的设定、评价标准的设置、评价反馈及评价应用。

一、考评主体

全成本考核主体应有成本管理中心(隶属于财务部门)结合审计部门或者社会第三方机构。

二、考评层次

考评实行逐级负责制,即三级科室成员根据相关的考核标准及成本管理中心组织的现场检查和定期监督检查结果结合自身工作成果进行初级分析评价,形成责任报告后以各部门为责任主体统一上交直属的分管领导。各分管领导根据各部门的责任报告的成果进行检查,明确其成绩和不足;该分管领导应编制自身工作的分析评价报告,并报送成本管理中心;成本管理中心依据考核标准、现场检查及定期检查的结果，对各部门的分析评价报告进行评价汇总，后上交高校最高管理者，经过讨论后进行结果反馈，最终落实到绩效奖惩。

三、考核指标体系

为了增强应用型本科院校成本效益，提高管理效率，控制成本，优化资源配置，绩效考评应从业务绩效评价和综合评价（财务绩效评价和管理绩效评价）角度入手，分解显性成本和隐性成本（显性成本为货币支出性成本，隐性成本为非货币衡量的人力成本、时间成本等，后者大大降低了管理效率）。通过考评，提高全校部门、员工上下重视成本费用的管理控制，综合、全面地反映成本效益，提高工作效率。将非财务指标（管理绩效）纳入考评指标，引导学校构建完善的成本管理体系（包括正式制度的设计和非正式制度的设计）。

四、考核结果兑现

考核结果须与员工利益、职务调整相结合，用以激励员工工作的积极性和主动性，避免制度流于形式。对于工作表现突出的员工进行奖励或提拔重用，同时对表现不佳的院（系）、部门采取相应的惩罚。

第三节 考评模式

将应用型本科院校的考评单位设为2大分类，一为院（系），二为行政管理部门、教辅部门和党群部门。前者主要以培养高素质的应用型人才为主要目标；后者主要以服务人才培养、技术支持、加强党政思想教育等为主要目标。因此，在设定指标和权重时，除可控成本费用的内容不同外，服务绩效的侧重点也不同。

结合应用型本科高校的发展定位（即服务地方经济、服务社会，科研服务次之），在设定教学单位的考评指标时，应着重从耗费资源的成本动因、工作效率、服务、科研等维度进行。综合各方面因素，设定的考评模式如下：

年度考评以业务绩效评价和综合评价（财务绩效评价和管理绩效评价）相结合，对各分级管理单位进行考评。计算公式为：

年度考评得分＝业务绩效评价×权重1＋综合评价×权重2

计算后的总得分保留小数点后两位。

综合评价得分＝财务绩效评价得分×权重3＋管理绩效评价得分×权重4

1. 业务绩效评价。根据学校近三年至五年的总体战略规划，结合学校当年的总体规划，设置各分级单位的年业务目标。根据业务目标的完成情况，对各分级单位进行业务绩效考评。

① 对于教学单位（院或系）的业务绩效评价主要从其教学绩效进行考评，针对院或系的职能对其进行年业务目标考评。考评其中一项包括对教师教学质量进行考评，主要从教师的教学质量、教师教学工作的改进与提高、教师指导学生动手能力、学生评价四个维度设定考评指标。

教学质量从教学态度、教学内容、教学方法、教学效果进行评价；教师教学工作的改进与提高从教师听课情况、个人进修学习、参加培训（指教学方法、最新的理论知识、企业实践）、发表论文、出版著作、个人学术专业获奖情况进行评价；教师指导学生动手能力从教师指导学生参加各类竞赛方面进行评价；学生评价指从授课对象对教师的授课效果的满意程度（具体见表14-2"教师教学质量评价分解表"）。

② 对于其他非教学单位（主要指教辅部门、行政部门及党群部门）的业务绩效评价主要从其业务职能着手，对其进行年业务目标考评。

2. 财务绩效评价主要从目标成本指标的执行情况、现场成本督查情况进行考评。具体考评办法以目标成本指标为基数，实际完成率与基数相比较，完成得分。

3. 管理绩效评价从培养人才质量、制度建设、服务效能等方面进行考评，引导各部门重视隐性成本的控制，提高管理效率（参见表14-3"综合绩效评价—管理绩效评价内容及权重表"）。

4. 权重的确定。高校应根据自身实际情况，确定业务绩效评价和综合评价的权重占比情况（两项权重总和为100％，即权重1＋权重2＝100％）；财务绩效评价和管理绩效评的权重（总和为100％，即权重3＋权重4＝100％）。

5. 师德师风不作为考评项，但为否决项，即每个人都应将师德师风（教师的职业道德和行为作风）作为日常行为的基本准则。对于师德师风出现问题的分级单位，年度考评应予以严惩，并问责分级单位正职、分管副校（院）长或副书记。

6. 具体参见附表：年度考评指标权重模板（表 14-1）、教师教学质量评价分解表（表 14-2）、综合绩效评价——管理绩效评价内容及权重表（表 14-3）。

表 14-1　年度考评指标权重模板

序号	单位	业务职能指标（权重[3]）	综合绩效评价（权重[4]）		备注
1	院/系		财务绩效评价（权重[5]）	管理绩效评价（权重[6]）	
2	招生就业处		财务绩效评价（权重[5]）	管理绩效评价（权重[6]）	
3	教务处		财务绩效评价（权重[5]）	管理绩效评价（权重[6]）	
4	保卫处		财务绩效评价（权重[5]）	管理绩效评价（权重[6]）	
5	人事处		财务绩效评价（权重[5]）	管理绩效评价（权重[6]）	
6	学生处		财务绩效评价（权重[5]）	管理绩效评价（权重[6]）	
7	教师工作处		财务绩效评价（权重[5]）	管理绩效评价（权重[6]）	
8	财务处		财务绩效评价（权重[5]）	管理绩效评价（权重[6]）	
9	校（院）长办公室		财务绩效评价（权重[5]）	管理绩效评价（权重[6]）	
10	团委		财务绩效评价（权重[5]）	管理绩效评价（权重[6]）	
11	宣传部		财务绩效评价（权重[5]）	管理绩效评价（权重[6]）	
12	工会		财务绩效评价（权重[5]）	管理绩效评价（权重[6]）	
13	图书馆		财务绩效评价（权重[5]）	管理绩效评价（权重[6]）	
14	教育中心		财务绩效评价（权重[5]）	管理绩效评价（权重[6]）	
15	后勤管理处		财务绩效评价（权重[5]）	管理绩效评价（权重[6]）	
16	组织部		财务绩效评价（权重[5]）	管理绩效评价（权重[6]）	
17	其他		财务绩效评价（权重[5]）	管理绩效评价（权重[6]）	

表 14-2 教师教学质量评价分解表

归口管理部门	指标内容	项目	标准
院（系）	教学质量	教学态度	不照本宣科，注重理论与实际联系
			教学信息量大，能介绍学科发展趋势及实际运用情况
		教学内容	教学难点与重点突出
		教学方法	运用先进的教学手段和工具
		教学效果	培养学生相关学科的分析问题和解决问题的能力
			辅导、答疑能认真细致地解决学生提出的问题
			批改作业能指出学生作业中存在的问题
			课堂气氛活跃，积极调动学生学习兴趣及学习的主动性
	教学工作的改进与提高		教师听课情况、个人进修学习、参加培训（指教学方法、最新的理论知识、企业实践）、发表论文、出版著作、个人学术专业获奖情况
	指导学生动手能力		指导学生参加校、省、国家及各部委组织的建模大赛、技能大赛等
	学生评价		不照本宣科，注重理论与实际联系
			授课认真，不随意调停课
			开学公布教学进度计划、学习目标和考评方法，并严格执行
			概念阐释清楚，调理清晰，重点突出，
			师生互动充分，注重培养学生发现、分析和解决问题的能力
			注重使用有效地教学方法和手段
			作业批改、辅导和答疑及时认真，能提出存在的不足及改进建议
			学习本门课程收获很大，激发了学习兴趣

表 14-3 综合绩效评价—管理绩效评价内容及权重表

考评指标	权重	考评内容	指标来源
制度建设		1. 制度建设明确；2. 流程制度清晰明确；3. 规范完善岗位职责清晰、具体；4. 财产制度建设清晰、完善；5. 其他	全校
信息化建设		1. 及时提交成本管理中心月度成本反馈表；2. 建立成本信息台账，更新台账；3. 及时更新校园网建设者；4. 充分利用信息化的网络通信手段，提高工作效率；5. 其他	全校
档案管理		1. 各岗位资料记录清晰、明确；2. 资料依据制度规定保管齐全；3. 其他	全校
师德师风		不计分值，但计入否决项	全校

续表

考评指标	权重	考评内容	指标来源
成本分析		1. 成本管理员对所承担的责任成本运行情况进行分析，写出书面报告，并上报成本管理中心备案；2. 有分析数据、分析存在问题、有纠正预防措施、建议或意见等；3. 数据准确；4. 其他	全校
财产账簿		1. 财产台账设置符合规范，更新及时；2. 账簿手续完备、与实务一一对应；3. 其他	全校
服务对象评价		从工作时效、工作态度、沟通协调着手评价	全校
战略管理评价		1. 本单位的战略规划制定的科学性；2. 战略规划的保障措施及其执行力；3. 战略规划的实施效果	全校
行业影响评价		1. 毕业生的市场占有率；2. 对国民经济及区域经济的影响与带动力；3. 主要受益对象的市场认可程度；4. 社会贡献度	院/系

参考文献

[1] 李晓军. 本科技术教育人才培养的比较 [D]. 华东师范大学, 2009.

[2] 人力资源社会保障部人事考试中心组织编写. 人力资源管理专业知识与实务 [M]. 中国人事出版社 中国劳动社会保障出版社. 2012

[3] 束景丹, 郭五一, 张力. 我国高校体育教育成本构成项目及影响因素 [J]. 中国流通济, 2003, (1): 123-126.

[4] 唐志涛, 李兵宽. 高校教育成本理论综述 [J]. 会计之友 (中旬刊), 2010, (8): 102-105.

[5] 王善迈. 教育投入与产出 [M]. 河北: 河北教育出版社, 1996: 23-27.

[6] 赵德营. 高等教育成本核算模式新探 [J]. 河南大学学报, 1999, 11 (6): 68-70.

[7] 徐惠强. 高等教育成本理论状况述评 [J]. 研究与探索, 2012, (0): 62-63.

[8] 宋广续, 崔京波. 高等学校进行成本核算的探讨 [L]. 济南大学学报, 1990, (1): 37-39.

[9] 姚小菊, 王丽莲. 高校教育成本构成探析 [J]. 财会, 2012, (2): 32-35.

[10] 蒲俊梅. 高等教育成本分担机制比较 [D]. 四川: 西南财经大学, 2010.

[11] 财政部. 中华人民共和国会计法, 2000.

[12] 吴艳云. 高校教育成本与收费刍议 [J]. 吉林省教育学院学报 (学科版), 2011, 27 (3): 13-14.

[13] 钟向东. 成本费用内部控制风险评估 [J]. 时代金融, 2011 (4).

[14] 赵聚辉. 高等学校实行教育成本核算的现实分析 [J]. 黑龙江对外经贸, 2010, (10): 153-154.

[15] 王军明. 高校教育成本核算的可行性分析 [J]. 中国乡镇企业会计, 2009, (3): 180-182.

[16] 尹子民. 高等学校教育成本模型的建立与分析 [J]. 辽宁工学院学报, 2002, (2): 56-58.

[17] 官凤华, 魏新. 高等教育拨款模式研究 [J]. 北京大学高等教育论坛, 1995, (2): 23-29.

[18] 阎达五, 王耕. 教育成本研究 [J]. 教育与经济, 1989, (3).

[19] 谢丹, 袁洪斌. 教育成本构成解析 [J]. 财会月刊, 2005, (11): 65.

[20] 袁连生. 教育成本计算 [M]. 北京师范大学出版社, 2000.

[21] 徐东波. 预算绩效管理在行政事业单位的应用探讨 [J]. 财经界, 2014 (35): 76-81.

[22] 崔邦焱. 高等学校成本计量研究 [D]. 北京师范大学博士论文, 2013.

[23] 金春燕. 事业单位会计核算中存在的问题及对策分析 [J]. 财经界, 2014 (35): 167-168.

[24] 刘烁. 关于我国高校固定资产折旧和减值相关问题 [J]. 煤炭经济, 2008, (11): 13-15.

[25] 李红. 固定资产内部控制的问题与对策 [J]. 事业财会, 2009, (1): 11-12.

[26] 杨朝琼. 关于高校固定资产核算引入权责发生制若干思考 [J]. 财会月刊, 2009, (4): 31-33.

[27] 刘翠巨. 对固定资产管理的影响及其存在的问题与建议 [J]. 经济研究导刊, 2011, (6): 90-91.

[28] 蔡兰. 高等学校教育成本核算的会计原则 [J]. 会计之友 (上旬刊), 2009, (7): 48-49.

[29] 霍影, 张凤武. 高等学校教育成本核算及创新机制 [J]. 财会通讯, 2009, (32): 63-64.

[30] 刘家瑛. 高校财务的权责发生制应用思考 [J]. 会计之友, 2012 (2): 69-70.

[31] 厉以宁. 关于教育产品的性质和对教育经营的若干思考 [J]. 教育科学, 1999, (3): 3-11.

[32] 尤谊, 谢娟, 张贺章. 高校教育成本研究 [J]. 经济研究参考, 2008, (59).

[33] 孙建成. 高校教育成本对象 [J]. 财会通讯, 2010, (6): 54-55.

[34] 杨世忠, 许江波, 张丹. 作业成本法在高校教育成本核算中的应用——基于某高校成本核算的实例分析 [J]. 会计研究, 2012, (4): 14-19.

[35] P. Lenton. The cost structure of higher education in further education

colleges in England [J]. Economics of Education Review, 2008, 27 (4): 471-482.

[36] 陆根书, 刘蕾. 不同地区教育部直属高校科研效率比较研究 [J]. 复旦教育坛, 2006, (2): 45-50

[37] 董泽芳, 沈百福. 教育经济区域划分与高教投资差异分析 [J]. 华中师范大学学报, 2000, 39 (3): 20-28.

[38] 裘停. 高校支出管理问题探讨 [J]. 事业财会, 2007, (2): 21-23.

[48] 韩保清. 构建地方理工院校"区域特色型"教学体系的探索 [J]. 中国高等教育, 2017, (7): 35-36.

[49] 韩保清. 全力推进新建本科高校向应用型转变 [J]. 中国高等教育, 2016, (18): 26-28.

[50] 马慧颖, 杨志勇, 于晓菲. 环境成本核算方法应用的实证分析 [J]. 绿色财会, 2011, (4): 32-35.

[51] DR Lewis, H Dundar. Costs and Productivity in Higher Education: Theory, Evidence, and Policy Implications [J]. Springer Netherlands, 1999, 14: 39-102.

[52] G. Thomas Sav. Higher education costs and scale and scope economies [J]. Applied Economics, 2004, 36 (6): 607-614.

[53] VM Giménez, JL Martinez. Cost efficiency in the university: A departmental evaluation model [J]. Economics of Education Review, 2006, 25 (5): 543-553.

[54] T Ahn, V Arnold, A Charnes, WW Cooper. DEA and ratio efficiency analyses for public institutions of higher learning in Texas [J]. Research in governmental nonprofit accounting, 1989, 15 (5): 165-185.

[55] 于富生, 黎文珠, 王俊生. 成本会计学 [M]. 北京中国人民大学出版社, 1993.

[56] 孙克竞. 政府部门预算支出绩效管理 [M]. 东北财经大学出版社, 2012.

[57] 袁连生. 教育成本计量探讨 [M]. 北京: 北京师范大学出版社, 2000.

[58] 刘悦. 作业成本法在高校教育成本核算中的应用 [J]. 会计之友, 2014, (11): 119-123.

[59] 王小宁, 杨昕烨. 新制度下高校教育成本核算探讨 [J]. 会计之友,

2014,(30):92-96.

[60] 唐万宏,高正.高等学校教育成本差异性的实证[J].会计之友,2014,(30):97-100.

[61] 财政部.关于印发《高等学校会计制度》的通知.财会[2013]30号,2013.

[62] 国家发展改革委关于印发《高等学校教育培养成本监审办法(试行)》的通知.发改价格[2005]1008号,2005.

[63] 财政部 教育部关于印发《高等学校财务制度》的通知.财教[2012]488号,2012.

[64] 杜驰,公认信息披露框架下高校教育成本核算改进研究[J].财会月刊,2014,(08):6-9.

[65] 夏伍珍,缪小群.高等学校教育成本核算研讨[J].会计之友,2010,(9):38-39.

[66] 杨菲.关于行政事业单位绩效预算管理的思考[J].财会金融.2015.

[67] 乌海恶高校教育成本核算研究内蒙古科技与经济,2009,(24)6-8.

[68] 万寿义,曲京山高等学校教育成本核算问题研究——基于管理的视角东北财经大学学报,2010,5(3):3-9.

附 录

附件 1：W 高校预算编制实施细则（试行）

第一章 总 则

第一条 为进一步加强预算管理，优化资源配置，提高资金使用效益，促进学校事业发展，根据《×××省属院校预算管理暂行办法》《×××省财政厅×××教育厅关于改革完善省属本科高校预算拨款制度的通知》《×××大学预算管理办法》，制定本细则。

第二条 预算编制的基本原则：

（一）坚持"保基本、保运转、保稳定、保民生"，完善基本支出体系，合理确定支出标准，促进结构优化。

（二）坚持与学校发展规划相结合，构建项目支出体系，突出教学中心地位，加大各项教学经费投入，科学配置资源，促进事业发展。

（三）坚持学校预算管理重心下移，充分发挥学院在日常办学经费管理中的主体作用，增强学院办学经费自主权。

（四）坚持统筹规划、突出重点，科学审慎安排基建及大型维修支出等重大项目支出。

第三条 预算编制的主要内容包括：基本支出（含人员经费、学生奖助学金、日常运转经费）和项目支出（含基础保障性项目、中央财政支持地方高校改革发展资金项目等）。

第二章 基本支出预算编制

第四条 基本支出中的人员经费，包括在职人员经费、离退休费、集体工工资、外教人员工资、临时工人员经费、遗属补助、残疾人保障金、公费医疗、福利费、工会经费等，其预算由学校财务部门会同人事部门编制。

第五条 基本支出中的学生奖助学金，包括发放给学生的各类奖学金、助学金，其预算由学校财务部门会同学生工作部门、学科建设教育部门编制。奖助学金提取比例不低于事业收入的 4%。经费主要用于国家助学贷款风险补偿、校内奖助学金、勤工助学、学费减免和特殊困难补助等。

第六条 基本支出中的日常运转经费，是校内各预算单位维持日常运转的各种基本支出，包括教学单位运转经费、部门和直属单位运转经费。

（一）教学单位运转经费，是指各学院用于行政办公、教学维持（含实验、实践、实习）、专业建设、党建活动、就业创业、学生活动、公务接待、零星设备购置与维护等日常运行经费。

（二）部门和直属单位运转经费，是指学校各部门、各直属单位用于行政办公、专项工作、公务接待、零星设备购置与维护等的日常运行经费。

第七条 日常运转经费拨款方式：

（一）教学单位拨款方式：以"基数拨款＋人均拨款＋学费比例拨款＋专项拨款"的经费总额下达各学院。其中，"基数拨款"根据学校财力情况确定适当标准；"人均拨款"按预算编制月份实际教职工数（不含临时人员）2000元/人安排；"学费比例拨款"按各学院上年度学费收入的2%～3%安排；"专项拨款"由教务部门根据各学院教学和专业建设基本需要统筹安排预算。

教学单位运转经费中的党建活动、学生活动、就业创业、公务接待等经费由相关职能部门设置经费安排标准，其余各项运转经费由学院结合工作需要统筹安排。

（二）部门和直属单位拨款方式：以"基数拨款＋人均拨款＋专项拨款"的经费总额下达各部门和直属单位。其中，"基数拨款"根据学校财力情况确定适当标准；"人均拨款"按预算编制月份实际职工数（不含临时人员）2000元/人安排；"专项拨款"根据学校重点工作需要以及部门和直属单位工作职能，参照以往运行绩效予以安排，坚持专款专用，主要解决相关部门和直属单位牵头开展专项重点工作的刚性需求。

第八条 日常运转经费预算细化流程：

（一）教学单位：学校财务部门向教务、组织、学生工作、招生就业等专项经费归口部门提出预算建议数；归口部门根据工作需要和各学院实际情况，拟定经费预算方案，报分管校领导审阅后送财务部门；财务部门汇总初审，报分管校领导审阅后提交学校会议研究，并将会议审定的预算方案发送各学院；各学院细化预算项目，提出经费统筹安排的具体意见，经学院党政联席会议研究后，将细化方案送财务部门。

（二）部门和直属单位：日常运转经费中的行政办公费和公务接待费由校长办公室会同财务部门提出预算控制数，专项拨款由部门和直属单位根据实际工作需要提出，报分管校领导审阅后送财务部门；财务部门汇总初审，分管校领导审阅后提交学校会议审定。

第九条　学校在日常运转经费中按总预算的2%左右安排学校准备费，用于预算编制过程中的控制数调整和执行过程中的不可预见开支。

第十条　因工作需要，校内各预算单位在日常运转经费中安排的需政府采购的零星设备购置项目，需编制完善的项目立项申请书和政府采购计划书，送交采购管理部门，采购管理部门根据政府采购计划执行情况，按规定程序进行适量调整。

第三章　项目支出预算编制

第十一条　项目支出主要包括基础保障性项目和中央财政支持地方高校改革发展资金等项目支出。

第十二条　基础保障性项目是根据省财政厅、省教育厅《关于改革完善省属本科高校预算拨款制度的通知》精神设置，主要包括基本建设、教学建设、学科建设、科研建设、人才队伍建设、综合服务等项目类别。

第十三条　基础保障性项目库建设和预算编制由发展规划部门负责组织。基础保障性项目各子项目库由相关归口部门负责建设。基础保障性项目建设单位是项目申报、实施和绩效考核的直接责任单位。

第十四条　基础保障性项目具体申报程序：

（一）校内各预算单位根据学校中长期发展规划和本单位年度工作重点，提出项目申请。相关归口部门组织专家开展初审、论证和排序，送发展规划部门汇总审核。发展规划部门会商财务部门后，组织进一步论证，建设备选项目库。

（二）发展规划部门会同财务部门，根据学校中长期发展规划、年度工作要点和预算资金总量，从备选项目库中初选拟支持项目，提交学校财经咨询委员会咨询论证，形成项目立项建议方案，经学校财经工作领导小组审议、校长办公会及党委会审定后予以立项并安排资金。

（三）校内各预算单位根据项目库立项情况，完善项目立项申请书、政府采购计划书，送采购管理部门。采购管理部门会同财务部门汇总上报省教育厅。

第十五条　中央财政支持地方高校改革发展项目资金纳入学校基础保障性项目库统筹管理。

第四章　预算编制流程

第十六条　预算编制流程：

（一）"一上"：6月—7月，根据省教育厅统一部署，学校财务部门启动预算编制工作，汇总上报相关基础信息。同时，项目归口部门、发展规划部门等单位启动备选项目库建设。

（二）"一下"：10月中旬前，学校财务部门按照预测的省级预算控制指标，安排各预算单位细化基本支出预算。发展规划部门会同财务部门从备选项目库中初选项目，形成项目支出建议方案。

（三）"二上"：10月下旬—11月上旬，学校财务部门会同发展规划部门编制学校总体预算草案，提交校财经领导小组、教代会执委会审议，经校长办公会、党委会审定，上报省教育厅。

（四）"二下"：省教育厅下达预算批复后，学校按照上级批复的预算，正式下达预算指标。

第五章 附 则

第十七条 本细则作为《W高校预算管理办法》的补充规定，自发布之日起施行，由学校财务部门负责解释。

附件2：《××省级行政单位资产配置标准（试行）》

1. 办公家具和通用办公设备配置标准

（一）本标准所称办公家具和通用办公设备，是指满足省级行政单位办公基本需要的家具和设备，不包括特殊需要的专业类办公家具和办公设备。

对未列入本通知附件的其他办公家具和设备，应当按照与省级行政单位履行职能需要相适应的原则，从严配置。

（二）省级行政单位办公家具和通用办公设备配置标准包括实物量标准、价格上限标准以及使用年限标准三部分。

（三）实物量标准实行双向控制：

1. 按工作人员级别和内设机构数（按省直部门三定方案确定的处级建制机构数）设置标准。

2. 按单位编制内实有人数设置标准。单位编制数是指独立核算行政单位的行政编制数（含参照公务员管理的事业单位）。

（四）使用年限标准是办公家具和通用办公设备的最低使用年限。已达到规定使用年限，尚可继续使用的办公家具和通用办公设备应当继续使用，以充分发挥家具和设备的使用效益。

（五）办公家具和通用办公设备满足下列条件之一，可以申请报废：

到规定使用年限或按规定技术指标无法使用的；

坏无法修复或修复成本较大、无维修价值的；

备老化、技术进步、使用成本过高，无继续使用价值的。

表1 ××省级行政单位办公家具配置标准

资产名称	实物量标准	价格上限标准（元/台、套、件）	使用年限标准
办公桌	1张/人	省级：6000 厅级：4000 处级以下：2000	长期使用
办公椅	1把/人	省级：2000 厅级：1500 处级以下：1000	长期使用
沙发	1组/办公室	省级：12000 厅级：5000 处级以下：2500	长期使用
茶几	随沙发按需配备	省级：3000 厅级：1500 处级以下：600	长期使用
桌前椅	处级以上领导按需要配备	600	长期使用
折叠椅	按需要配备，不分级别，总数不得超过单位编制内实有人数的100%	120	长期使用
书柜	按需配备	省级：8000 厅级：3000 处级以下：1500	长期使用
文件柜	按需要配备，不分级别	1000	长期使用
保密柜	按需要配备，不分级别	3000	长期使用
更衣柜	1组/办公室	1000	长期使用
会议室家具	中、小型会议室（80平方米以下，省级四大班子可适当放宽至150平方米左右）	省级四大班子，按照使用面积每平方米不超过1200元配置，其他单位，按照使用面积每平方米不超过800元配置	长期使用
	大型会议室（80平方米以上）	省级四大班子，按照使用面积每平方米不超过800元的标准配置，其他单位，按照使用面积每平方米不超过500元的标准配置	长期使用

注：本表中所列"长期使用"是指使用年限为10年以上；已达到规定使用年限，但尚可继续使用的，应当继续使用。

表2 省级行政单位通用办公设备配置标准

资产名称		价格上限标准	实物量标准		使用年限标准
台式电脑		4000元/台	1台/人（涉密电脑、外网电脑按实际需要配置）。	单位台式电脑总数不得超过单位编制内实有人数的130%。	6年
笔记本电脑		7000元/台	1台/厅级以上岗位；2台/内设机构（或1台/4人，不足4人按4人计算）	总数不超过编制内实有人数的30%，外勤单位可增加笔记本电脑数量，但应同时减少相应数量的台式电脑。	6年
打印机（包括一体机）	激光A3幅面	8500元/台	1台/内设机构，按需配置。	单位根据需要可以选择配备A3、A4打印机，但打印机不得超过单位编制内实有人数的30%	6年
	喷墨A3幅面	2500元/台			
	针式A3幅面	3000元/台			
	激光A4幅面	1500元/台	1台/厅级以上岗位；2台/内设机构（或1台/4人，不足4人按4人计算）		
	针式A4幅面				
	喷墨A4幅面				
	票据打印机	3000元/台	按需要配置		
传真机		2000元/台	1台/厅级以上岗位；1台/内设机构。	总数不得超过单位编制内实有人数的30%	6年
中高速复印机		25000元/台	1台/3～5个内设机构。	总数不得超过单位编制内实有人数的3%，单位不足20人的，按20人计算	6年或复印35万张
速印机		30000元/台	1台/单位	仅限于50人以上独立发文单位	6年或复印35万张
扫描仪		普通平板扫描仪2000元/台；高速文档扫描仪6000元/台	按需要配备	总数不得超过单位内设机构编制数	6年
碎纸机		1000元/台	1台/内设机构	总数不得超过单位内设机构编制数	6年
电话机		200元/部	按需要配备	总数不得超过单位编制内实有人数的100%	长期使用
		3000元/台		总数不得超过单位编制内实有人数的5%，行政执法所需照相机经批准另行配置	8年
		7000元/台	1台/单位	100人以上单位可增配一台	8年